日本語文法演習

まとまりを作る表現

―指示詞、接続詞、
のだ・わけだ・からだ―

庵功雄
三枝令子

❖著

スリーエーネットワーク

©2013 by IORI Isao and SAEGUSA Reiko

All rights reserved. No part of this publication may be reproduced, stored in a retrieval system or transmitted in any form or by any means, electronic, mechanical, photocopying, recording, or otherwise, without the prior written permission of the Publisher.

Published by 3A Corporation.
Trusty Kojimachi Bldg., 2F, 4, Kojimachi 3-Chome, Chiyoda-ku, Tokyo 102-0083, Japan

ISBN978-4-88319-648-7 C0081

First published 2013
Printed in Japan

はじめに

　このシリーズは、上級レベルの日本語を適切に産出するために、文法をわかりやすく整理・説明し使い方の練習をするものです。
　日本語の基本的な構造に深くかかわる文法項目（自動詞・他動詞、敬語、条件表現、時間の表現、指示詞、文末表現、助詞など）については、初級段階で一通り学びますが、中上級に至っても学習者から「使い方がよくわからない」という声がしばしば聞かれます。中上級では、これまで表現文型を指導するための努力が多く積み重ねられ教材も整ってきましたが、文の構造にかかわる文法項目については学習者の習得にゆだねられてきたような面があります。上級においてもそのレベルに応じた文法が必要です。それらを実例の文脈の中で積極的に学習し現場で使える教材を提供していきたいと考えています。
　学習者はもとより指導する立場の方々にも、文法は学習目標というより「便利な道具」であることをお伝えできれば幸いです。
　本書は、上記文法項目のうち、指示詞、接続詞、「のだ」「わけだ」「からだ」を扱っています。例えば、

- 「私の友達に山田くんという人がいるんですが、（　　）人はとてもおもしろい人なんですよ。」の（　　）には「あの」が入るか、「その」が入るか。それはどうしてか。
- 「試験のために一生懸命勉強した。しかし、＿＿＿＿＿＿＿＿＿＿＿＿＿＿＿＿＿。」
　「試験のために一生懸命勉強した。だから、＿＿＿＿＿＿＿＿＿＿＿＿＿＿＿＿＿。」
　のそれぞれの下線部にはどのような表現が入りうるか。それはどうしてか。
- 「ビルは村上春樹の『1Q84』を読んだそうですが、日本語で｛読みましたか・読んだんですか｝。」の｛　　｝のうち、適切なのはどちらか。それはどうしてか。

このようなことについても見ていきます。
　本書では、内容が「腑に落ちる」ように、文法規則を最初に示すのではなく、使う人もルールを導きながら考えるという手法をとっています。まず、用例から問題の所在を意識し、次に文法のルールを導き、さらにルールを確認しながら具体的な用例を見ていきます。最後に実際に使われている文にそくして練習をします。
　本書は、著者が日本語教師として現場で日本語を教えた経験をもとに作り始めたものです。本書をなすに当たり、一橋大学の授業などで試用を重ね、そのたびに、学習者の方々の質問によって説明を改訂するといったことを行ってきました。出版に当たっては、スリーエーネットワークの新谷遥さん、佐野智子さんにはたいへんお世話になりました。心から感謝申し上げます。本書が日本語を学ぶ方々、日本語教育に携わる方々のお役に立てば幸いです。

2013 年 5 月　著者

この本を使う方へ

Ⅰ．目的

a．上級学習者の方へ

　本書では日本語学習の中で日々遭遇する問題点を中心に、重要なポイントを提示し、指示詞や接続詞の使い分け、「のだ」「わけだ」「からだ」という文末形式の使い方がわかるようなルールを示しています。話しことばと書きことばの違いといったことにも配慮していますので、日常会話で使う形式から論文やレポートを書くときに使う形式まで広く学習することができます。

b．日本語を教える先生方へ

　本書で取り上げている、指示詞、接続詞、「のだ」「わけだ」「からだ」という形式の使い方には「文脈」の情報を考えることが非常に重要です。本書ではこうした情報について広く取り上げています。こうした試みに対し、本書を試用された先生方からご意見をいただければ幸いです。

c．日本語教師養成課程で学ぶ方へ

　本書では、日本語を教える人が知っていると役に立つ簡便で体系的な文法のルールを学ぶことができます。一般の文法書との違いは、問題を解きながら自ら文法のルールが発見できる点です。

Ⅱ．構成

a．ウォームアップ

　今までの学習でなんとなく知っていることについて、それが確かなものかどうか考え、より適切な使い方ができるようになりたいという動機を促す部分です。

b．本文

・「問」→「ルール」→「練習」という流れで進んでいきます。
・「問」に答えながら、どのようなルールがあるのかを考えます。ここで引き出したルールを　　　　内で整理します。ルールの中の｛　　　｝内の語は、どちらか適切な方を選んでください。そのルールを使って、「練習」をします。

c．総合練習

　各章で学習した項目が理解できているかを章ごとに確認する問題です。

d．総合演習

　本書で扱っている形式についての総合的な知識が身についているかを生の資料の読解を通して確認する問題です。

e．ちょっと一息

　本文の内容を補足します。より知識を得たい人、日本語研究に関心がある人は読んでください。

Ⅲ．使い方

a．一般的な使い方は、

| ウォームアップ | → | 本文 | → | 総合練習 | → | 総合演習 |

b．余力のある人・日本語教育に携わる人は、

| ウォームアップ | → | 本文 | → | 総合練習 | → | 総合演習 | → | ちょっと一息 |

Ⅳ．学習時間のめやす

	50分授業	90分授業
Ⅰ．指示詞	6～8回	3～4回
Ⅱ．接続詞	6～8回	3～4回
Ⅲ．のだ、からだ、わけだ	8～10回	4～5回

目　次

はじめに …………………………………………………………………………………… iii
この本を使う方へ ………………………………………………………………………… iv

Ⅰ．指示詞
ウォームアップ ………………………………………………………………………… 3
1. 現場指示と関係がある場合 ………………………………………………………… 4
　　●現場指示と同じ場合 …………………………………………………………… 4
　　●「今」に関係する場合 ………………………………………………………… 5
2. 文脈指示(1) …………………………………………………………………………… 7
　　●知っているものと知らないものの区別 ……………………………………… 7
　　●ソとアの使い分け ……………………………………………………………… 7
　　●人の指し方 ……………………………………………………………………… 8
3. 文脈指示(2) ―コとソの使い分け― ……………………………………………… 10
　　●文章（書きことば）におけるア ……………………………………………… 10
　　●ソしか使えない場合(1) ………………………………………………………… 10
　　●ソ（「その」）しか使えない場合(2) …………………………………………… 11
　　●コが使われる場合 ……………………………………………………………… 11
　　●コを使った方がいい場合 ……………………………………………………… 12
　　●指すものが後から出てくる場合 ……………………………………………… 14
4. その他の問題 ………………………………………………………………………… 15
　　●「この／その／あの」と「こんな／そんな／あんな」 …………………… 15
　　●「こんなに／そんなに／あんなに」 ………………………………………… 17
　　●「こう／そう／ああ」 ………………………………………………………… 18
　　●「これら／それら／あれら」 ………………………………………………… 19
5. 総合練習 ……………………………………………………………………………… 20

Ⅱ．接続詞
ウォームアップ ………………………………………………………………………… 22
1. 接続詞の使い方 ……………………………………………………………………… 24
　　1-1．「しかし」と「ところが」 ………………………………………………… 24
　　1-2．「だって」と「でも」 ……………………………………………………… 24
　　1-3．「そして」と「また」と「それから」 …………………………………… 25

1-4.「それに」と「しかも」 ………………………………………………… 26
　　1-5.「その上」と「さらに」 ………………………………………………… 27
　　1-6.「ところで」と「(それ)では」 ……………………………………… 28
　　1-7.「なお」と「ただし」と「ただ」 ……………………………………… 29
　　1-8.「すなわち」と「つまり」と「要するに」 ……………………………… 30
　　1-9.「その結果」と「したがって」 ………………………………………… 31
　　1-10.「そこで」と「そして」 ……………………………………………… 32
　2．形は似ているが、意味が違う接続詞 ……………………………………… 35
　　2-1.「その上」と「その上で」 …………………………………………… 35
　　2-2.「それで」と「それでは」 …………………………………………… 36
　　2-3.「それにしても」と「それにしては」 ………………………………… 37
　　2-4.「ところで」と「ところが」 ………………………………………… 38
　　2-5.「また」と「または」 ………………………………………………… 39
　3．呼応表現 ……………………………………………………………………… 40
　　3-1.「確かに…が」 ………………………………………………………… 40
　　3-2.「というのは／なぜなら／なぜかというと…からだ」 ……………… 41
　4．総合練習 ……………………………………………………………………… 42

Ⅲ．のだ、からだ、わけだ

ウォームアップ …………………………………………………………………… 46
1．疑問文・否定文における「のだ」 …………………………………………… 47
　●「のだ」(1)　疑問文の場合 …………………………………………………… 47
　●「のだ」(2)　否定文の場合 …………………………………………………… 52
2．平叙文における「のだ」 ……………………………………………………… 54
　●「のだ」(3)　理由を表す場合 ………………………………………………… 54
　●「のだ」(4)　状況と結びつける場合 ………………………………………… 54
　●「のだ」(5)　言い換えを表す場合 …………………………………………… 55
　●「のだろう」など ……………………………………………………………… 55
　●「のだ」(6)　解釈、言い換えに対応する疑問文 …………………………… 56
　●「のだ」(7)　発見を表す場合 ………………………………………………… 57
　●「からだ」 ……………………………………………………………………… 58
3．「のだ」と「からだ」「わけだ」 ……………………………………………… 59
　●「のだ」と「からだ」 ………………………………………………………… 59
　●「ためだ」 ……………………………………………………………………… 59

- ●「わけだ」 …………………………………………………………………… 60
- ●「のだ」と「わけだ」 ……………………………………………………… 62
- ●「わけではない」 …………………………………………………………… 63
- ●「のではない」と「わけではない」 ……………………………………… 64
- ●「わけにはいかない」 ……………………………………………………… 65
- ●「わけがない・はずがない」 ……………………………………………… 65

4．「ではないか」と「のではないか」 …………………………………………… 66
- ●否定疑問文と「Nではないか（じゃないか）」 ………………………… 66
- ●「のではないか」(1) ……………………………………………………… 67
- ●「のではないか」(2) ……………………………………………………… 68
- ●「のではないか（んじゃないか）」(3) ………………………………… 69
- ●「ではないか（じゃないか）」 …………………………………………… 69
- ●「のではないか（んじゃないか）」と「ではないか（じゃないか）」 ……… 70

5．総合練習 ………………………………………………………………………… 73

ちょっと一息
① アの使い方 …………………………………………………………………… 9
② コとソの使い分け …………………………………………………………… 13
③「こんな」類と「こういう／こういった／こうした」類 ………………… 16
④「そして」と「しかし」 …………………………………………………… 33
⑤ 物事を並べる表現 …………………………………………………………… 34
⑥ クイズの場合 ………………………………………………………………… 51
⑦「わけだ」と関連する表現 ………………………………………………… 61
⑧「わけだ」のその他の用法 ………………………………………………… 61
⑨「じゃない」について ……………………………………………………… 71
⑩「じゃないですか」の使い方 ……………………………………………… 72

総合演習 ……………………………………………………………………………… 78
参考文献 ……………………………………………………………………………… 84

日本語文法演習
まとまりを作る表現
―指示詞、接続詞、
のだ・わけだ・からだ―

I 指示詞

ウォームアップ

A．（　）に適切な指示語（コソア）を入れてください。
1．（　）の好景気はしばらく続きそうだ。
2．A：（　）っちはみんな元気です。（　）っちはどうですか。
　　B：（　）っちもみんな元気です。
3．（　）れまで優しくしてくれてありがとう。（　）れからもよろしく。
4．遠いなぁ。ここまで来るのに、（　）れほど時間がかかるとは思わなかった。

B．適切な方に○をつけてください。
1．A：昨日、田中に会ったよ。｛そいつ・あいつ｝相変わらず元気そうだったよ。
　　B：｛そいつ・あいつ｝はほんとに元気だよな。
2．A：昨日、田中という旧友に会ったんですが、｛その男・あの男｝がとてもおもしろい男なんです。
　　B：｛その方・あの方｝は何の仕事をなさっているのですか。
　　A：大学の教師です。
3．A：昨日、田中さんという方とお食事をされたそうですが、｛その方・あの方｝はどんな方なんですか。
　　B：大学の教師でとてもおもしろい男ですよ。
4．A：昨日、田中に会ったよ。
　　B：｛その人・あの人｝は誰？

＊指示詞（コソア）の用法のうち、指すものが話の現場に存在する場合を現場指示、指すものが話（会話、文章）の中に存在する場合を文脈指示と言う。

1. 現場指示と関係がある場合

●現場指示と同じ場合

問1 適切な方に○をつけてください。

1. A：{こっち・そっち}は元気。{こっち・そっち}はどう？
   B：{こっち・そっち}も元気だよ。
2. 竹田：山本さん、{こちら・そちら}は同僚の田中さんです。
   山本：山本です。どうぞよろしく。
3. A：佐藤さんが結婚するっていう話、聞いた？
   B：{この・その}話はこの間山田さんから聞いたよ。

ルール1

現場指示では、話し手に近いものを指すのには{コ・ソ}が使われ、聞き手に近いものを指すのには{コ・ソ}が使われる。

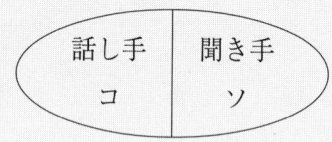

話し手（側の人）を指すときには{こちら／こっち・そちら／そっち}が使われ、聞き手（側の人）を指すときには{こちら／こっち・そちら／そっち}が使われるが、これは現場指示の場合と同じである。
相手が話題に出した人／ものを指す場合には{コ・ソ}が使われるが、これも現場指示の場合と同じである。

練習1 （　）の中にコソアの中で最も適切なものを入れてください。

1. 医者：（　）ちらから説明したいことはこれで全部です。（　）ちらから聞きたいことは何かありませんか。
   患者：では、手術の方法について、少し質問させてください。
   医者：どうぞ。
2. A：＜電話で＞明日は（　）っちに11時に来てくれたらいいよ。
   B：だったら、（　）っちを8時半に出ればいいね。

3．A：昨日、田中さんとイタリアンレストランで食事をしたんだ。
　　B：いいね。で、（　　）の店はどこにあるの。
　　A：渋谷だよ。

● 「今」に関係する場合

問2 適切な方に○をつけてください。
1．｛このまえ・そのまえ｝いっしょに食事をしたのはいつだったっけ。
2．A：服を着替えてどこに行くの？
　　B：｛これから・それから｝友だちと映画を見るんだ。
3．田中さん、｛このごろ・このころ｝忙しそうね。

> ルール2
> 指示表現が「今」に関係するものを指すことがある。この用法はコだけに見られる。

練習2 適切な方に○をつけてください。
1．私は｛これまで・それまで｝海外旅行に行ったことがない。
2．私は10年前アメリカに留学したが、｛これまで・それまで｝海外旅行をしたことはなかった。
3．A：今日のご予定は？
　　B：今日はまず銀座に行って、｛これから・それから｝昼ご飯を食べて、洋服を買って、帰ってくるつもりです。

問3 より適切な方に○をつけてください。両方いい場合もあります。

1. ＜論文の中で＞
   1600年に注目してみよう。｛この年・その年｝、日本では関ヶ原の戦いが行われており、イギリスではシェークスピアが活躍している。
2. ＜本の中で＞｛この章・その章｝では江戸時代の歴史について考える。
3. ｛この論文・本稿｝の内容は筆者の卒業論文に基づいている。

> ルール3
> 「この／その＋時間を表す名詞」で、「この」を使うと、その文章で語られているときに視点を移して、その時点から現場指示をしているような臨場感が出る。
> また、論文や本において、その論文や本自体、または、今書いている章や節を指す場合には「この」が使われる。
> ＊この場合、「本＋N」が使われることもある。「本＋N」の方が「この＋N」より書きことば的である。
> 　（例）この本→本書　この論文→本論文、本稿　この章→本章

練習3 適切な方に○をつけてください。

1. ＜論文の中で＞｛この節・その節｝ではこの論文の研究史上の位置づけについて考える。
2. ＜本の中で＞｛ここでは・そこでは｝、これから前節で提示した仮説の例証を行っていく。
3. ＜書評で＞｛本書・その本｝は吉田氏が書いたベストセラー作品である。

2. 文脈指示(1)

●知っているものと知らないものの区別

問4 適切な方に○をつけてください。

1. A：昨日、僕たちの大学の同級生の｛田中さん・田中さんという人｝に会ったよ。
   B：元気だった？
   A：うん。とても元気だったよ。
2. A：パソコンのことで聞きたいことがあるんだけど、誰かいい人知らない？
   B：それなら、僕の友だちに｛田中さん・田中さんという人｝がいて、コンピューターにとても詳しいから、紹介してあげるよ。
   A：ありがとう。よろしくね。

ルール4
話し手も聞き手も知っている人／ものを指すときにはその名詞に「という／っていう」を｛つける・つけない｝。それ以外のときはその名詞に「という／っていう」を｛つける・つけない｝。

練習4 より適切な方に○をつけてください。

1. 山田：高木先生のお知り合いに、音声学がご専門の｛林先生・林先生という方｝がいらっしゃるそうですが、今度ご紹介いただけないでしょうか。
   高木：わかりました。いいですよ。
2. さっき、｛田中さん・田中さんという方｝から電話がありました。御所属は伺わなかったのですが。
3. この料理には｛こしょう・こしょうという香辛料｝が入っていますか。
   私アレルギーがあるんですが。
4. この料理には｛アジョワンシード・アジョワンシードという香辛料｝を使うそうだけど、どんなものか知ってる？

●ソとアの使い分け

問5 適切な方に○をつけてください。

1. A：この間、山田さんに紹介してもらったレストランで食事をしたんだ。
   B：｛その人・あの人｝、食通だから、おいしい店を紹介してくれたでしょう。
   A：うん。とてもおいしかった。

2. A：私と同じゼミに林君っていうかっこいい男の子がいるんだけど、今度
   {その人・あの人}と映画を見に行くことになったの。
   B：{その人・あの人}、芸能人では誰に似てるの？

> ルール5
> 話し手も聞き手も知っている人／ものを指すときは{ソ・ア}を使う。
> それ以外のときは{ソ・ア}を使う。

練習5 より適切な方に○をつけてください。
1. A：先月いっしょに旅行に行ったとき、キーホルダーを買ったよね。
   {そのキーホルダー・あのキーホルダー}、どこにあるかな。
   B：{それ・あれ}はかばんの中だよ。
2. A：私は高校のとき、山田先生という先生に漢文を習ったんですが、
   {その先生・あの先生}は中国のことをいろいろ教えてくださいました。
   B：そうですか。{その先生・あの先生}は今でも教えているんですか。
   A：いえ。3年前定年になりました。
3. 吉田：佐藤さんのご友人に鈴木さんという英語学のご専門の方がいらっしゃると聞いたのですが、{その方・あの方}を紹介していただけないでしょうか。
   佐藤：いいですよ。

●人の指し方

問6 不適切なもの全てに×をつけてください。全ていい場合もあります。
1. A：昨日、中田さんに会って、いっしょに飲んだんだ。
   B：{中田さん・あの人・彼}、最近転職したって聞いたけど、本当？
   A：そうなんだ。新しい会社はIT関係らしいよ。
2. 学生A：山田先生、来週はお休みかな。
   学生B：{山田先生・あの方・彼女}は来週出張だから、授業はお休みだよ。
3. A：お父さんは何時ごろお帰りですか。
   B：{父・あの人・彼}は10時ごろになると言っていました。

> ルール6
> 目上の人や親族を指すのにアや彼／彼女を使ってはいけない。これらの人を指すときには、その人の地位を表すことば（社長、先生など）や、親族を表すことば（父、妹など）を使う。

練習6 適切な方に○をつけてください。両方いい場合もあります。

1. 母：お父さんがあなたに話したいことがあるってよ。
   娘：私、｛お父さん・彼｝と話したくない。
2. A：佐藤さん、どこにいるか知らない？
   B：ちょうど、これから｛佐藤さん・彼女｝と会うところです。
   A：｛佐藤さん・彼女｝に会ったら、すぐに山田部長に連絡するように言って。｛部長・彼｝怒ってるから。

☕ちょっと一息 ①

アの使い方

　ルール5で、話し手も聞き手も知っているものは「ア」で指し、それ以外は「ソ」で指すと説明しました。ここで、「知っている」というのは（原則として）「直接」見たことがあるということです。したがって、名前を聞いただけであったり、会った／見たことがない人やものはアでは指せません。

　アの使い方で少し難しいのは、話し手が直接知っている人やもので、聞き手が知らない場合です。この場合は（原則として）ソを使わなければなりません。例えば、次の例のような場合です。

　　A：先週、京都の日本料理店で食事をしたんだけど、｛○その店／×あの店｝は江戸時代からある店なんだ。
　　B：いいなあ。僕もそんな店で食事をしてみたいな。

この場合、Bの反応からわかるように、BはAが食事をした店を知りません。そして、AはBがその店のことを知らないだろうと考えています。そういう場合にはアではなく、ソが使われるのです。

　ただし、独り言のように言うときはアが使われることもあります。

　　A：私は戦後すぐに結婚したんですが、あのころはものがなくて大変でした。

3. 文脈指示(2) －コとソの使い分け－

●文章（書きことば）におけるア

問7 不適切なものに×をつけてください。

1. DNAには生物に関するさまざまな情報が書き込まれている。
 ｛このDNA・そのDNA・あのDNA｝を加工して新しい食品が作られている。
2. 私が大事にしている本がある。｛この本・その本・あの本｝から私はとても多くのことを学んだ。

> ルール7
> 文章（書きことば）の中ではアは通常｛使われる・使われない｝。

練習7 不適切なものに×をつけてください。

1. その事件には日本人が関係していた。｛この日本人・その日本人・あの日本人｝は現地の警察に逮捕された。
2. 高齢者が動けなくなる原因の1つに、ひざの関節の病気がある。足が痛いので歩かなくなり、筋肉が落ち、さらに病気が悪化するという悪循環に陥るのだ。
 ｛この悪循環・その悪循環・あの悪循環｝を断ち切り、家族や社会の将来の負担を軽くする近道は、運動療法だという。

●ソしか使えない場合(1)

問8 適切な方に○をつけてください。

1. A：この資料はどこでもらえますか。
 B：パーティーの会場に係の者がいますから、｛この人・その人｝から受け取ってください。
2. もし特急電車が来たら、｛これ・それ｝に乗って行こう。

> ルール8
> 未来のこと、仮定のことを表す場合は｛コ・ソ｝だけが使われる。

練習8　適切な方に○をつけてください。
1．一生いっしょにいたいと思う人ができたら、{ この人・その人 }と結婚する。
2．10年後私は40歳になる。{ このとき・そのとき }までに家を建てるつもりだ。

●ソ（「その」）しか使えない場合(2)

問9　より適切な方に○をつけてください。
1．彼は病気をしたことがない人だった。{ この彼・その彼 }が急病で亡くなった。
2．田中さんは小学校のとき25mも泳げなかった。{ この田中さん・その田中さん }がオリンピックの選手に選ばれた。

> ルール9
> 指すもの（先行詞）が固有名詞（やそれに相当するもの）で、2つの文の関係が逆接である場合はソ（普通は「その」）だけが使われる。

練習9　より適切な方に○をつけてください。
1．吉田さんは時間を守る人だ。{ この吉田さん・その吉田さん }が1時間も遅れるなんて、きっと何かあったにちがいない。
2．佐藤さんは大学時代は目立たない人だった。{ この佐藤さん・その佐藤さん }が今ではテレビ番組の司会者として活躍している。

●コが使われる場合

問10　適切な方に○をつけてください。
1．昨日「となりのトトロ」を見た。{ このアニメ・そのアニメ }は中国でも人気がある。
2．2012年は日本と中国が国交を回復してから40年の記念の年だ。今こそ、{ この日本の最大の貿易相手国・その日本の最大の貿易相手国 }との関係を真剣に議論すべきだ。

> ルール10
> 指すもの（先行詞）を言い換えて指すときはコ（普通は「この」）だけが使われる。

練習10　適切な方に○をつけてください
1．湯川秀樹は日本人初のノーベル賞受賞者だが、{この物理学者・その物理学者}は天才に関する著作でも知られている。
2．私は奈良が好きだ。{この日本最古の都・その日本最古の都}に行くと、穏やかな気持ちになる。

●コを使った方がいい場合

問11　より適切な方に○をつけてください。
1．昨日、中央線で人身事故があった。{この事故・その事故}で中央線は3時間にわたって不通になった。
2．「日本語は漢字があるから難しい」。あなたは{この意見・その意見}に賛成ですか。

> ルール11
> ルール8「未来のこと、仮定のことを表す場合はソ」
> ルール9「指すものが固有名詞で、2つの文の関係が逆接である場合はソ」
> 　　　　これ以外のときはコを使えばよい。

練習11　より適切な方に○をつけてください。
1．昨夜、駅前のホテルで火事があった。{この火事・その火事}で2名が焼死した。
2．「天は人の上に人を造らず人の下に人を造らず」。{これ・それ}は慶応大学の創始者である福沢諭吉のことばである。

☕ちょっと一息 ②

コとソの使い分け

　話しことばの文脈指示では、コはあまり使われず、ソとアの使い分けが主に問題となりますが、書きことばでは、アはほとんど使われず、コとソの使い分けが問題となります。コとソの使い分けには微妙な場合がかなりあります。

　ただ、一般的に言えることは、みなさんが書くことが多い論説文やみなさんが読むことが多い新聞ではコが使われることが多いということです。したがって、みなさんが文を書くという点に絞って言えば、ルール8と9以外の場合にはコを使えばよいということが言えます。ルール8、9以外の場合の中にはソが使える場合もあり、みなさんがそういう例を目にすることがあると思いますが、文を作るという点からすればそうした例は無視しても問題ありません。

　なお、「この／その」が「これの／それの」の意味で使われる場合は「その」が使われるのが普通ですが、この場合はそもそも「その」も省略するのが普通なので、みなさんが書くときには無視してもかまいません。

　　実験はその（×この）結果が重要だ。(「実験は結果が重要だ。」の方が一般的)

●指すものが後から出てくる場合 ....

問12 適切な方に○をつけてください。
1．田中君から｛こんな話・そんな話｝を聞いた。吉田課長が退職して起業するのだそうだ。
2．｛これ・それ｝はここだけの話だけど、池田さんは彼女とつきあってるのよ。

> ルール12
> 文脈指示には指すもの（先行詞）が後から出てくるものがある。この場合はコだけが使われる。このタイプの文脈指示には次の2つのタイプがある。
> ・こんなNを／こんなNが〜。……。
> ・これは／このNは〜だが／けど、……。

練習12 適切な方に○をつけてください。
1．私には｛こんな・そんな｝夢がある。結婚して、妻と子どもたちと一緒に庭のある家で過ごすという夢だ。
2．｛これ・それ｝は私の意見だが、円はもう少し値上がりするのではないだろうか。

4. その他の問題

●「この／その／あの」と「こんな／そんな／あんな」

問13 次の質問に答えてください。

1. A：この間いっしょに食事をしたよね。あの店にまた行かない？
   B：いいよ。
   「あの店」はこの間食事をした店と｛同じである・同じでなくてもよい｝。
2. A：この間いっしょに食事をしたよね。あんな店にまた行きたいね。
   B：そうだね。
   「あんな店」はこの間食事をした店と｛同じである・同じでなくてもよい｝。

> ルール13
> 「この／その／あの＋名詞」はそれが指すものと同じものを指す。
> 「こんな／そんな／あんな＋名詞」はそれが指すものと同じ種類のものを指す。

練習13-1　2つの文の下線部はどう違いますか。
a．＜旅行会社で。パンフレットを見せて＞このホテルに泊まりたいんですが。
b．＜友達とガイドブックを見ながら＞こんなホテルに泊まりたいね。
a．＿＿＿＿＿＿＿＿＿＿＿＿＿＿＿＿＿＿＿＿＿＿＿＿＿＿＿＿＿＿
b．＿＿＿＿＿＿＿＿＿＿＿＿＿＿＿＿＿＿＿＿＿＿＿＿＿＿＿＿＿＿

練習13-2　適切な方に○をつけてください。
1. 刑事：＜写真を見せて＞あなたが見たのはこの人ですか。
   目撃者：そうです。確かに｛この人・こんな人｝です。
2. 刑事：＜写真を見せて＞あなたが見たのはこの人ですか。
   目撃者：そうですね。｛この人・こんな人｝だったと思いますが、はっきりとはわかりません。

ちょっと一息 ③

「こんな」類と「こういう／こういった／こうした」類

　前のページで、「こんな」類が種類を表すことを見ましたが、種類を表すものにはこの他に「こういう」類、「こういった」類と「こうした」類があります。このうち、「こういう」類、「こういった」類、「こうした」類の間にはほとんど違いはありません。

　　国民に情報が開示されていない社会は危険だ。
　　{そういう社会・そういった社会・そうした社会}では狂信的な政治が行われやすい。

しかし、「こんな」類と「こういう」類には違いがある場合があるので注意が必要です。「こんな」類はマイナスの評価を表す場合があるからです。

　　母：今日はこの服を着て行きなさい。
　　娘：こんな服、嫌よ。かっこ悪い。
　　　　（？こういう服／？こういった服／？こうした服）
　　母：「こんな服」とは何ですか！

　「こんな」類がマイナスの評価を表すのは、述語がマイナスの意味（上の例では「嫌だ」）を表す場合です。

I 指示詞

●「こんなに／そんなに／あんなに」

問14 適切な方に○をつけてください。

1. ＜半年の日本語研修が終わった後の感想＞
   日本語が { こんなに・そんなに } 難しいとは思わなかった。
2. A：昨日はびっくりしたね。
   B：普段おとなしい田中君が { こんなに・あんなに } 怒るとはね。
3. このテレビは { そんなに・あんなに } 高くない。

> ルール14
> 「こんなに／そんなに／あんなに」は程度が大きいことを表す。「こ／そ／あ」の部分の決まり方は、これまでのルールと同様である。ただし、「そんなに」には「ない」とともに使って、程度があまり大きくないことを表す用法がある。

練習14 適切な方に○をつけてください。

1. A：ちょっと手伝ってくれない。
   B：今忙しいんだ。
   A：お願い。{ そんなに・あんなに } 時間かからないから。
2. ＜映画を見ながら＞
   A：{ こんなに・そんなに } おもしろい映画を見るの久しぶりだね。
   B：本当にそうだね。

● 「こう／そう／ああ」

問15 適切な方に○をつけてください。
1．彼はさっきは｛そう・ああ｝言ったけど、本当は君のことを好きなんだよ。
2．A：田中さんは今日も休みだろうね。
　　B：｛こう・そう｝思うよ。
3．僕は｛こう・そう｝思うんです。この世に絶対的な正義など存在しないのではないかと。
4．佐藤さんが新宿から合宿に行くのなら、僕も｛こうする・そうする｝よ。

> ルール15
> 「こう／そう／ああ」は「言う、思う、考える」などの内容を表す。
> 指すものが後から出てくる場合は「こう」だけが使われる。
> 「そうする」は「名詞句＋動詞」の代わりに使われる。

練習15 適切な方に○をつけてください。
1．田中さんが彼女のお見舞いに行くなら、僕も｛こうする・そうする｝よ。
2．どんなに努力しても最後には死んで何もかもなくなると思うと、生きているのが空(むな)しくなるかもしれません。しかし、｛こう・そう｝考えてみてください。あなたを心から愛してくれる人がこの世に1人でもいたら、その人の心の中であなたは永遠に生き続けるのです。

●「これら/それら/あれら」

問16 適切なもの全てに○をつけてください。

1. 2階の箱の中にミカンがあるでしょ。{あれ・あれら・あのみかん・あれらのみかん} は四国のおばあちゃんが送ってくれたものよ。
2. 奈良に行くのなら、法隆寺と東大寺には行った方がいいですよ。
　　{これ・これら・この寺・これらの寺} は日本で最も古いお寺です。
3. 家の前に3人の男が立っている。{あの男・あの男たち・あれらの男たち} は誰だろう。

> ルール16
> 指すもの（先行詞）がひとかたまりに認識できる「もの」の場合、複数であっても単数形（これ／それ／あれ、この／その／あの＋N）で指す方が自然である。一方、指すものが「と、や、か」などで区切られていて別々のものと認識される場合は、複数形（これら／それら／あれら（の＋N））で指さなければならない。指すものが複数の「人」の場合は、「この／その／あの＋N＋たち」の形を使うのが普通である（「これら／それら／あれらの＋N＋たち」はあまり使われない）。

練習16 適切なものに○をつけてください。

1. これからイモ掘りをします。そこにいろいろな大きさの軍手を用意していますから、{それ・それら} から合うものを選んでください。
2. オーストラリアにはカンガルーやコアラやオポッサムなどの動物がいて、{これ・これら} はおなかの袋で子どもを育てるので有袋類と呼ばれています。
3. 公園で3人の子どもが遊んでいる。
　　{この子ども・この子どもたち・これらの子どもたち} が大人になるとき、日本はどんな国になっているだろうか。

5. 総合練習

より適切な方に○をつけてください。

(1) 私はココアが大好きだ。{この飲み物・その飲み物}を飲むと疲れがとれる。

(2) A：昨日、この間紹介してくれたレストラン「ごちそう」に行って来たよ。
　　B：ああそう。{あの店・その店}、いいだろ。
　　A：うん。{あの店・その店}は庭のながめも最高だった。また行くことにするよ。

(3) A：田中先生、来週はお休みかな？
　　B：{彼・先生}は来週出張だから、授業は休みだよ。

(4) 山田君は泳ぎが得意でオリンピックに出たこともあるんです。
　　{この山田君・その山田君}がおぼれ死ぬなんて信じられません。

(5) 私は{これまで・それまで}この件について発言しなかった。それは私が何か言うと、他の人の行動に影響を与えるかもしれないと思ったからである。

(6) A：田中さん、パーティーに来るかな？
　　B：{彼・その人}はきっと来るよ。

(7) 私は何度か北京に行ったことがあるが、{この中国の首都・その中国の首都}では今、自動車による排気ガスが深刻な問題となっている。

(8) ＜ニュース＞昨夜、東海道新幹線で事故がありました。{この事故・その事故}で東海道新幹線の各列車に最高2時間の遅れが出ました。

(9) 「生きるべきか、死ぬべきか。それが問題だ。」(To be, or not to be: that is the question.)
　　{これは・それは}シェークスピアの『ハムレット』の中の有名な台詞である。

(10) {この10年・その10年}でインターネットは急速に普及した。

(11) A：この間おいしいフランスレストランに行ったよ。
　　B：いいねぇ。で、{あの店・その店}、どこにあるの？
　　A：新宿だよ。

(12) まじめで口下手といったタイプの先生は不利になっている。学校で教えられないぐらいだ。退屈な授業を我慢して聞くのも、それはそれで立派な学習体験だと思うのだが、{こういう意見も・そういう意見も}最近は通用しない。

(13) 将来子どもが生まれたら、{この子・その子}に笑子って名前をつけよう。

(14) ぼくの両親の結婚には｛こんな・そんな｝エピソードがある。父と結婚する前、母はデパートのネクタイ売場で働いていた。その母に一目ぼれした父は毎日ネクタイを買いに行ったそうだ。母は後で父からもらった手紙よりも、父のこの行為によって、その性格がわかったという。他の人には「｛こんな・こういう｝つまらないことを書いて」と思われるかもしれないが、この出会いはぼくにはとても感動的だし、その結果ぼくがこの世に生まれることになったのだから、ぼくにとってとても大切なエピソードなのである。

(15) 机の上にリンゴが10個ある。｛これ・これら｝は母が送ってくれたものだ。

(16) 部屋の中にはテレビとソファーとテーブルがある。｛これ・これら｝は全て妻といっしょに選んだものだ。

Ⅱ 接続詞

ウォームアップ

A．どちらが適切ですか。
1．田中さんは話がうまい。しかし、{口数が多いわけではない・説得力がある}。
2．田中さんは話がうまい。だから、{口数が多いわけではない・説得力がある}。
3．A：アニメって、作るのに大変な手間がかかるんだよね。
　　B：でも、{人気の職種なんだって・アイデアが必要だね}。
4．A：アニメって、作るのに大変な手間がかかるんだよね。
　　B：それに、{人気の職種なんだって・アイデアが必要だね}。

B．話し手は、どういう気持ちだと考えられますか。
1．a．外は雨だ。でも、ジョギングをすることにした。
　　b．外は雨だ。だから、ジョギングをすることにした。
　　a．_____
　　b．_____
2．a．一生懸命、試験のために勉強した。しかし、5番の成績だった。
　　b．一生懸命、試験のために勉強した。だから、5番の成績だった。
　　a．_____
　　b．_____

> 接続詞によって、文と文の関係が明らかになり、また、話し手の考え・気持ちが明確になる。

C．どちらが適切ですか。
1．A：どうしたの？　元気ないね。飲みに行こうよ。
　　B：{でも・しかし} お金ないの。
　　A：おごるよ。
2．年金制度は見直す必要がある。{だって・なぜなら} 少子化が予想以上の速さで進んでいるからだ。
3．A：昨日、韓国と日本のサッカーの試合があったんだよ。
　　B：見たかった。{で・その結果} どっちが勝ったの？
4．＜新聞＞現在、東北新幹線、東北線は、全線が復旧している。{だが・だけど} 沿岸部の鉄道路線は、依然として再開の目処が立っていない。

接続詞は、大きく、書きことばに使われるものと話しことばに使われるもの、そして、どちらでも使われるものに分けられる。書きことばで話しことばの接続詞を使ったり、話しことばで書きことばの接続詞を使うとおかしい。

接続詞一覧

	話しことば ←		→ 書きことば
帰結：	だから、ですから	そのため	それゆえ、したがって、その結果
展開：	で、それで、それから	すると	そこで、その後
解説：	なぜかというと	というのは	なぜなら
逆接：	だって、でも、だけど、それにしては、それにしても	ところが	しかし、だが、けれども
対比：		逆に	
添加：	それから	そして	また
累加：	それに	その上、しかも	さらに
転換：	(それ)じゃ(あ)	それでは、さて、ところで	
補足：		ただ、もっとも	ただし、なお
言いかえ：		つまり、要するに	すなわち
選択：	それとも	あるいは	または

1. 接続詞の使い方

1-1.「しかし」と「ところが」

問1 どちらが適切ですか。

1. スキーで転んだ。幸い、骨折はしなかった。{しかし・ところが}打撲による痛みが続いている。
2. いろいろ薬を試してみたが、一向に風邪が治らない。{しかし・ところが}友達の勧める漢方薬を飲んでみたらすっかりよくなって、驚いてしまった。

> 「X しかし Y」：すでに述べた X に反することを述べる。
> 　　　　　　　「けれど」「でも」は話しことば。
> 　　　　　　　他に書きことばでは「だが」「しかしながら」も用いる。「しかしながら」は、「しかし」より硬い表現で意味が強まる。
> 「X ところが Y」：予想と異なる事態の導入。Y の意外性が強い。Y に、疑問、意志は来ない。

練習1 「しかし」でなければならない文はどれですか。

1. このはさみは、小さくたためて便利だ。{しかし・ところが}取り扱いには注意が必要だ。
2. 犬を飼うまで、犬には人のことばはわからないと思っていた。{しかし・ところが}犬は人のことばがちゃんとわかっているのだ。
3. 若者をターゲットに、色が鮮やかで軽いコートを発売した。{しかし・ところが}売り出してみると、買ったのはほとんど高齢者だった。
4. 友達の結婚式の招待状に、普段着でどうぞと書いてある。{しかし・ところが}、これをことば通りに受け取っていいのだろうか。

1-2.「だって」と「でも」

問2 どちらが適切ですか。

1. A：どうして参加費を払わないの？
   B：{だって・でも}今日までだなんて聞いてなかったんだよ。
2. この店、入る気がしない。{だって・でも}1時間待ちだよ。
3. あの映画、よかった。{だって・でも}最後はちょっとできすぎかな。

4. あの人は、よく人の悪口を言うね。{だって・でも} 私もおんなじか。
5. 母：どうして言われたことをすぐきちんとやらないの？
　　子：{だって・でも}……。
　　母：口答えしないの！

> 「だって」：
> ①相手の批判（「どうして……の？」という疑問文の形が多い）に対して反論する。
> ②自分の主張に説明を加える。
> 　①②の場合とも、文末は「んだもん（もの）」「のだ」が多い。ただし、「んだもん」は甘えた感じになる。
> 「でも」：相手の意見に反論したり、自分の意見に訂正を加える。

練習2 文を完成してください。
1. 彼は、今とっても大変な状態だ。でも、_____。
2. A：今、公衆電話ってほとんど見かけないね。
　　B：でも、_____。
3. 私、今日の集まりには出ない。だって、_____。
4. A：どうしてコートを着ないの？　寒いじゃない。
　　B：だって、_____。

1-3.「そして」と「また」と「それから」

問3 どれが適切ですか。複数いい場合もあります。
1. 正月には、家でテレビを見たり、神社に初詣に行く人が多い。{そして・また・それから}、家にいないでスキーや海外旅行に出かける人も多い。
2. 人は、自分の視点からしか物事を見ることができない。{そして・また・それから} 成功した人には特にその傾向が強いような気がする。
3. シュークリーム2つ。{そして・また・それから} コーヒーも2つお願い。

> 「そして」：大切なことをつけ加える。「そして」の後で、言いたいことが終わるというサイン。
> 「また」：こういうことも、こういうこともあると並行的に述べる。書きことばでは「そして」より「また」の方がよく使われる。
> 「それから」：①時間的に続くことを表す。②他のことをつけ加える。

練習3 どれが適切ですか。複数いい場合もあります。
1. このジャケット、丈を詰めてもらえますか。{そして・また・それから} 出来上がったら、家に送ってもらいたいんですが。
2. ＜論文＞霊長類は、社会関係が複雑なため、音声的コミュニケーションが発達し、{そして・また・それから}、顔の表現や身振りといったジェスチャーによるコミュニケーションも発達していることが知られている。
3. フライパンを熱し、油を入れて材料をいためる。塩で味をつけ、最後にもう1度油を加える。{そして・また・それから} 皿に盛りつける。
4. 1週間前病院で検査を受けた。{そして・また・それから} 今日がその結果を聞く日だ。

1-4.「それに」と「しかも」

問4 どちらが適切ですか。
1. 李さんは試験に合格した。{それに・しかも} 1番だった。
2. 彼は子どもが好きだ。{それに・しかも} 動物も好きだ。
3. 家族は、夫と娘が1人、{それに・しかも} 犬がいます。
4. 今日はドライブをしているときに虹を見た。{それに・しかも} 2回もだ。

> 「Xそれに Y」：あることがらについて、似たようなことを加える。話しことば。
> 「Xしかも Y」：Xについて、さらに詳しい情報を加える。
> 　　　　　　　Yに願望など話し手の気持ちは来ない。「それに」より硬い。

II 接続詞

練習4 どちらが適切ですか。どちらもいい場合もあります。
1．京都に行ったら金閣寺を見学したい。{それに・しかも}清水寺にも行ってみたい。
2．上司に出張の報告書を出すように言われた。{それに・しかも}明日までにだ。
3．彼女はやさしくて親切だ。{それに・しかも}料理がうまい。
4．彼女は朗読のボランティアをしている。{それに・しかも}もう20年だという。
5．彼は外国人でありながら国家試験に合格した。{それに・しかも}在学中にだ。

1-5．「その上」と「さらに」

問5 どちらが適切ですか。
1．大学を卒業してから、{その上・さらに}、大学院へ進むつもりだ。
2．昨日は、ホストファミリーの家でごちそうになった。{その上・さらに}帰りには、アパートまで送っていただいた。
3．＜表の説明＞表1を見ると、スウェーデンでは仕事より余暇を重視する人は回答者全体の43％に達し、最高の比率を示している。{その上・さらに}、余暇よりも仕事を重視する割合を見ると、スウェーデンでは12％に満たず、他の国に比べて最も低い値となっている。

> 「さらに」：似たようなことを加える。
>   「はじめに、次に」の後に来て、順番に並べることが多い。
> 「その上」：特別なことをつけ加える。
>   後に、意志・依頼・命令等の主観的な表現は来ない。

練習5 文を完成してください。
1．夏休みには仙台へ行く。時間があれば、さらに＿＿＿＿＿＿＿＿＿＿＿＿＿＿＿＿＿＿＿。
2．明日は演奏会だというのに熱がある。その上＿＿＿＿＿＿＿＿＿＿＿＿＿＿＿＿＿＿。
3．＜レポート＞まずはじめに日本の高齢化の現状と高齢者の抱える問題を検討する。次に、スウェーデンやデンマークといったヨーロッパ諸国の事例を検討する。さらに＿＿＿＿＿＿＿＿＿＿＿＿＿＿＿＿＿＿＿＿＿＿＿＿＿＿＿＿＿。
4．パソコンが壊れ、メーカーに電話した。古い機種でよくわからないという。その上、＿＿＿＿＿＿＿＿＿＿＿＿＿＿＿＿＿＿＿＿＿＿＿＿＿＿＿。

1-6.「ところで」と「(それ)では」

問6 どちらが適切ですか。

1．時間になりましたね。｛ところで・それでは｝、会議を始めましょう。
2．私の趣味はスキーだ。だから毎年冬には、スキーをしに行く。｛ところで・では｝、日本のスキー場はなぜあんなにうるさいのだろうか。
3．＜テレビニュース＞以上、今日の特集でした。｛ところで・では｝、次は国会関連です。

「(それ)では」：
　①物事を始めたり、終わるときに使う。
　　別れるときは「じゃ」「それじゃあ」をよく使う。会議等の硬い話しことばや書きことばでは、始めるとき、話題の方向を変えて次に移るときに「さて」も用いる。
　②「そういう事情、理由なら」（2-2節）
「ところで」：別の話題の導入。疑問文にも使う。

練習6-1 どちらが適切ですか。

1．鈴木さん、試験に合格、おめでとう。｛ところで・それでは｝、田中さんは、試験、どうだったの？
2．以上がこの機械の使い方の説明です。｛ところで・それでは｝、これからみなさんに動かしてもらいます。
3．＜メール＞お元気ですか。私は元気です。
　｛ところで・では｝、来週の土曜日、我が家の息子がいよいよ中学を卒業します。それで家でささやかなお祝いの会をしたいと思っています。
4．現在NGOの数が急速に増加し、大規模な国際会議には、さまざまな市民団体が必ず参加するようになっている。国を越えて、テーマに合わせて人が集まるのだ。
　｛ところで・それでは｝、次に、こうした現象から、私たちの今後の社会のあり方について考えてみよう。

練習 6-2 文を完成してください。

1. 暑くなりましたね。ところで、_____。
2. 学生：いつ研究室に伺ったらいいですか。
   先生：午前は授業で、午後は3時から会議なので、その間ですね。
   学生：それでは、_____。

1-7.「なお」と「ただし」と「ただ」

問7 どれが適切ですか。複数いい場合もあります。

1. その仕事、お引き受けしましょう。{なお・ただし・ただ}、私の方からお願いしたいことがあります。
2. 昨日、この地域で今年初めての渡り鳥の渡来が観測された。{なお・ただし・ただ}今月の初めに始まったこの調査は、来月終わりまで続けられる。
3. 日本の生活費は高い。{なお・ただし・ただ}100円ショップのような安売り店もある。
4. ＜市の広報＞市のキャラクターを募集しています。採用されたキャラクターは、今後、市の配付資料等に使用されます。{なお・ただし・ただ}キャラクター決定後、キャラクターの名称も募集する予定です。

> 「ただし」：前に述べたことの部分修正。例外、問題点を加える。「ただ」は話しことばで、「ただし」より軽い修正。「もっとも」「と言っても」に言い換えられるが、「もっとも」「と言っても」は、客観的な叙述に用い、命令には使わない。
>
> 「なお」：補足の説明。特別なことや、例外を追加する。書きことばで用いることが多いが、硬い話しことばでも用いる。

練習7 文を完成してください。

1. 8月に日本語の集中コースを開催します。なお、_____。
2. 1泊5千円。なお、当日のキャンセルの場合、_____。
3. 普段は、自転車で通勤しています。ただ、_____。
4. ＜掲示＞以下の日時にフリーマーケットを開催します。
   ただし、_____。

1-8.「すなわち」と「つまり」と「要するに」

問8 どれが適切ですか。複数いい場合もあります。

1. 日本の空の玄関、{すなわち・つまり・要するに}、成田空港は、東京都心から遠いことで評判が悪い。
2. A：また失言で大臣が辞任だって。
   B：{すなわち・つまり・要するに}、日本の政治家は、自分たちが政治家だという自覚がないんだよ。
3. 彼は休学の手続きをしたという。{すなわち・つまり・要するに}、当分の間、学校には出てこないということだ。
4. 私のおじいさんは戦争が終わった年、{すなわち・つまり・要するに}、1945年に死んだ。
5. A：この計画には莫大なお金がかかります。
   B：{すなわち・つまり・要するに}、できないってことですね。

> 「XすなわちY」：他のことばに言い換える。XとYが語のことも多い。
> 「XつまりY」：わかりやすく言い換える。Yに「のだ」「からだ」などの表現が来ることが多い。
> 「X要するにY」：前の文やそれまでの発話をまとめ、要点を取り出す。「結論だけ言えば」「つまり」と言い換えが可能なことが多い。

練習8-1 どれが適切ですか。複数いい場合もあります。

1. 新幹線は第二次産業、{すなわち・つまり}、工業の象徴である。
2. ずいぶんくわしく説明をしていただきましたが、{すなわち・つまり}おっしゃりたいことは、会社には責任がないということですね。
3. 多数決で決めることが{すなわち・つまり}民主主義とは言えない。
4. A：彼の話って、いつも長いね。
   B：{すなわち・つまり・要するに}何が言いたいんだろう？
   A：よくわかんない。
5. A：世界で住みよいと言われている町は、実は、生活費が高いんだよね。
   B：{すなわち・つまり・要するに}金持ちにとって住みよいってことなんだね。

練習 8-2 文を完成してください。
1．あなたのビザは 90 日、すなわち＿＿＿＿＿＿＿＿＿＿＿＿＿＿＿＿＿＿＿＿＿＿＿。
2．日本の会社に営業に行くと、「少し検討させてください」とよく言われる。
　これは、つまり＿＿＿＿＿＿＿＿＿＿＿＿＿＿＿＿＿＿＿＿＿＿＿＿＿＿＿＿＿＿＿。
3．彼が言いたいことは、要するに＿＿＿＿＿＿＿＿＿＿＿＿＿＿＿＿ということだ。

1-9．「その結果」と「したがって」

問9 どちらが適切ですか。
1．この1年、一日も欠かさず日本語を勉強した。{その結果・したがって}上手に話せるようになった。
2．被災地へのボランティア派遣の募集には大きな反響があった。
　{その結果・したがって}今後もこの取り組みは続けていく予定である。
3．工場の安全対策を十分に行わなかった。{その結果・したがって}大きな事故になってしまった。
4．著作物とは思想や感情を表現したものです。{その結果・したがって}、単なるデータは著作物とは言えません。

> 「X その結果 Y」：
> 　「X した。その結果、Y になった。」の形を取ることが多い。
> 　X は、Y の理由、原因、きっかけ。
> 　（補足：X が Y の理由ではなく、文字通り「その結果」を表す次のような
> 　　　　用法もある。
> 　　　例：人が飼い猫にどんな名前をつけているか、1,000名を対象にアン
> 　　　　　ケート調査をした。その結果、「モモ」が1位になった。）
> 「X したがって Y」：
> 　Y は X からの当然の結果。Y には意志形も可能。
> 　書きことば。「それゆえ」に言い換えられる。
> ★「その結果」も「したがって」も話しことばでは「だ(です)から」に言い
> 　換えられる。

練習9 どちらが適切ですか。
1．人間の健康状態は、さまざまな条件によって大きく変化する。
　{その結果・したがって}定期的な健康チェックが有効なのである。

2. 各国の財相が集まり、協議した。{その結果・したがって}金利の自由化を今後も推し進めることになった。
3. 腰の痛みに効くという新しい療法を試してみた。{その結果・したがって}10分も歩けなかったのがうそのように歩けるようになった。
4. この町は繊維産業によって支えられている。{その結果・したがって}町民の大半が繊維会社と何らかのつながりを持っている。
5. 飛行機は早朝出発する。{その結果・したがって}、空港に1泊する必要がある。

1-10.「そこで」と「そして」
問10 どちらが適切ですか。
1. 厳しい練習を続けた。{そこで・そして}ついに金メダルを手にした。
2. 田舎の問題を考えるということは、差別や貧困、{そこで・そして}子どもやお年寄りの話にもつながっていく。
3. <新聞>〇〇県は、地域経済が不振で、多重債務者が増加している。
   {そこで・そして}、県は、地域経済活性化のための方策を探る委員会を立ち上げる方針だ。
4. 今月の売り上げは、先月を10％下回った。{そこで・そして}売り上げの回復を図るために、商品のサンプルを配ることにした。
5. 試験のために先週からずっと勉強していた。{そこで・そして}今日、試験が終わったので、久しぶりに友だちと買い物に出た。

> 「XそこでY」：
>   Xをきっかけにして、次に何かが起こったり、何かを決めたりする。
>   Yに形容詞は来ない。少し改まった表現。話しことばなら、「それで」に言い換えられる。
> 「XそしてY」：
>   Yが最後の文であることを示す。Yには、話し手にとって最も大切なことが来る。

練習10 文を完成してください。
1. 売り上げが落ちた原因を社員全員で話し合った。そして_____。
2. 日本語の漢字は、外国人ばかりでなく日本の子どもにとっても難しい。それは、数が多いこと、そして_____による。

3．国によって、道路標識が異なると、不便なだけでなく危険なこともある。そこで、_____。

4．自分の子どもを保育園に入れてみて、これでは子どもに生きる力がつかないと思った。そこで、_____。

☕ちょっと一息 ④

「そして」と「しかし」

　次の（　　）に入る接続詞として「そして」と「しかし」のどちらが適切だと思いますか。

　　あのレストランは安い。（　　）うまい。

　実は、どちらも可能です。ただし、文の意味は違います。「あのレストランは安い。そして、うまい。」というときは、安いことをプラスと考え、それに「うまい」というプラスのことを並べています。「あのレストランは安い。しかし、うまい。」というときは、安いことをマイナスと考え、そこから通常は予測されにくいこととして「うまい」ことを述べています。このように接続詞は、文法的にはどちらも正しいが、話し手・書き手の気持ちによって選ぶという面があります。
　次の文の（　　）にも、「そして」「しかし」のどちらも入れることができます。その場合、文の意味はどう違うでしょうか。

　　経済学はこれまで人々を物質的に豊かにすることを重視してきた。
　　（　　）現在は、精神面の豊かさや環境保護の視点が主要な課題となっている。

先の例のプラス、マイナスではうまく説明できません。「そして」の場合は、次に来る文が最後の文であることを示していて、これまでと現在の話が一続きの話として示されています。最後の文ということで、話し手にとって大切なことが述べられることも多いです。「しかし」の場合は、聞き手・読み手は、いま述べられたことと異なる内容が次に来ると予測できます。「しかし」には、聞き手・読み手に「次に何が述べられるんだろう」と立ち止まらせるサスペンス性があります。ですから「しかし」は、聞き手の注意を引き付けるのに有効な接続詞と言えます。

ちょっと一息 5

物事を並べる表現

XやY(など)：X、Y以外にもある。3つ以上のときは、「XやYやZ」。
　　息子はクモやアリなどの昆虫に興味がある。

XとY：XとYだけ。3つ以上のときは、「X、YとZ」と最後に「と」を入れる。
　　このアパートで飼えるのは、猫、子犬、鳥と昆虫だけです。

XかY：X、Yのどちらか。3つ以上のときは、「XかYかZ」「XかY、あるいはZ」。
　　この仕事、明日かあさって中にやってもらえますか。

XとかY(とか)：例を挙げる。
　　私は、グレープフルーツとかみかんのようなすっぱい果物はだめなんです。

Xあるいは／またはY：X、Yのどちらか。「あるいは」は3つ以上でもいい。
　　　　　　　　　　「または」は、語と語をつなぐことが多い。
　　支払いは、現金で払っても、あるいは、クレジットカードを使ってもいいです。
　　飛行機で行くか、新幹線を使うか、あるいは、フェリーで行くか迷っている。
　　高校生の多くは、大学、または、専門学校に進む。
　　どこで会いましょうか。会社にしますか。あるいは、喫茶店でもいいですよ。

XそれともY：X、Yのどちらか。疑問を並べるときに使う。話しことば。
　　コーヒーを飲みますか。それとも、紅茶がいいですか。
　　どこで会いましょうか。会社にしますか。それとも、喫茶店がいいですか。
　　ミルクティー、それとも、レモンティー？

Xないし(は)Y：XからY／XかY。語と語をつなぐ。書きことば。
　　修理には1週間ないし10日必要です。
　　その問題は、保健所ないし区役所で扱っています。

XおよびY：=「XとY」　語と語をつなぐ。書きことば。
　　中国、韓国、日本、およびベトナムが、かつて漢字圏だった。

2. 形は似ているが、意味が違う接続詞

2-1.「その上」と「その上で」

問11 どちらが適切ですか。

1．送料無料、{その上・その上で} 4,200円もお得。
2．自分の意見をまとめ、{その上・その上で} 人のコメントをもらうのがいい。
3．田中先生は、学者として大変優れている。{その上・その上で} 人柄も温厚だ。
4．心の小さい人は、何事に対しても、それが利益になるか否かを考えて、
 {その上・その上で} 行動する。

> 「その上」：つけ加え
> 「その上で」：「そのあとで」

練習11 どちらが適切ですか。

1．あの屋台の店は、不衛生だ。{その上・その上で} 営業許可も取っていない。
2．学生：実は専門を変えたいと思っているんです。
 先生：専門を変えたい理由を正直に話してください。{その上・その上で}、どういう選択があなたに一番いいか考えましょう。
3．必要な情報は原則として開示することにし、{その上・その上で}、人権や個人のプライバシーを考慮するのがよいのではないか。
4．この家は、太陽熱を利用できるソーラーの装置を持っています。
 {その上・その上で}、窓は二重、雨水利用と、省エネ型になっています。

2-2.「それで」と「それでは」

問 12 どちらが適切ですか。

1. 朝から頭が痛かった。{それで・それでは} 学校を休んだ。
2. 犬は、人間の友だちになりえる。{それで・それでは} 猫は人間にとってどういう存在だろうか。
3. 部屋に何もなくて落ち着かなかったが、友だちがカーテンをつけてくれた。{それで・それでは}、少し部屋らしくなった。

> 「それで」：話しことば。
>   ①「その理由で」「そういうことで」。「だから」より理由の表現としては弱い。
>   「それで」の後の文は過去形のことが多い。
>   ②さらに、話を進めたり、話を変えたり、相手に情報を求めたりする。「で」とも言う。
> 「それでは」：
>   ①「そういう事情、理由なら」
>   ②何かを始めたり、終わるときに使う。「それじゃ」「じゃ」とも言う。

練習 12-1 どちらが適切ですか。

1. ＜電話で＞
   A：荷物、これからお届けしてよろしいですか。
   B：すみません、ちょっとこれから出かけるんで。
   A：{それで・それでは} 夕方伺いましょうか。
2. 小さいとき、海でおぼれかけた。{それで・それでは}、泳ぐのが嫌いになったんだ。
3. ワカメやコンブは、海藻(かいそう)です。{それで・それでは} 海苔(のり)は何でしょう？
4. 5時になりました。{それで・それでは}、今日の練習はこれで終わりにしましょう。

練習 12-2 文を完成してください。

1. 最近、食べ過ぎで体が重い。それで、＿＿＿＿＿＿＿＿＿＿＿＿＿＿＿＿＿＿＿＿。
2. A：今日は、これから空港に行くんだ。
   B：友だちでも来るの？
   A：うん。まったく日本語ができないんだよ。
   B：それじゃ、＿＿＿＿＿＿＿＿＿＿＿＿＿＿＿＿＿＿＿＿。

2-3.「それにしても」と「それにしては」

問13 どちらが適切ですか。

1. A：毎日、よく降るねえ。
   B：梅雨だからね。
   A：{それにしても・それにしては}よく降るよ。
2. A：彼、アメリカに留学してたんだって。
   B：{それにしても・それにしては}、英語下手だね。
3. A：この店、コーヒー1杯1,500円だって。
   B：高級店だからね。
   A：{それにしても・それにしては}高すぎない？
4. A：彼、社長なんだって。
   B：{それにしても・それにしては}ぼろい車に乗ってるね。

> 「Xそれにしても Y」：Yは、Xから予想されていることと同じ方向で、程度が大。
> 「Xそれにしては Y」：Yは、Xから予想されることと違う方向に程度が大。「それにしちゃ」とも言う。

練習13 どちらが適切ですか。

1. A：この建物、いつできたんですか。
   B：60年前。
   A：{それにしても・それにしては}きれいですね。
2. A：昨日、8時間も寝ちゃった。
   B：{それにしても・それにしては}眠そうだね。
3. A：この自転車、古いからブレーキがキーキーいうんだ。
   B：{それにしても・それにしては}うるさいね。
4. A：彼、遅いね。
   B：また遅刻かな。
   ＜30分後＞
   A：{それにしても・それにしては}遅いな。

2-4.「ところで」と「ところが」

問14 どちらが適切ですか。

1. 国から友だちが来るというのでホテルを予約した。{ところで・ところが} 今日になって来られないという。
2. A：昨日、山梨県のワイナリーに行って、ワインを買い込んできた。
   B：へえ、いいなあ。ワイナリーっていうのは、そこで飲むこともできるの？
   A：もちろんさ。{ところで・ところが} 明日の会議、何時からだっけ？

> 「ところで」：新しい別の話題の導入。
> 「ところが」：予想と異なる事態の導入。

練習14 どちらが適切ですか。

1. A：私の学校、制服があるんだけど、制服ってやだね。
   B：私は、子どものころから、制服には縁がないの。
   　{ところで・ところが} 制服って、替えはあるの？
2. スズメは、人間が住んでいる場所の近くに住むことによって天敵から身を守り、数を増やしてきた。{ところで・ところが} 最近、都会のスズメの数が減少している。スズメが巣を作れる場所が少なくなったのだ。
3. 与党と野党党首のテレビ討論に際し、政策通の与党の党首は、絶対の自信を持っていた。{ところで・ところが} アンケートの結果は、野党党首が国民の多くの支持を集める結果となった。

2-5.「また」と「または」

問15 どちらが適切ですか。

1．黒 { また・または } 青のボールペンを使いなさい。
2．彼の作品は、日本で有名なだけでなく、{ また・または }、海外でも知られている。
3．＜レストラン＞
　　ウエイター：肉 { また・または } 魚の料理をお選びください。
4．さつまいもは安いし、{ また・または }、栄養もある。

> 「また」：こういうことも、こういうこともあると並行的に述べる。
> 「または」：2つのうちどちらか一方を選ぶ。

練習15 どちらが適切ですか。

1．お正月には、初詣に行く人が多い。{ また・または } 近年、海外旅行する人も増えている。
2．この記事については、新聞社が著作権を有している。全部 { また・または } 一部を使用する場合には許可を得ることが必要だ。
3．この会の参加者は障害者の立場にたって、車いすに乗って電車の乗り降りなどを実際に体験する。障害者のサポートをするのにどういうことに注意しなければならないか、{ また・または }、どうしたら喜ばれるかをみなで考える。
4．期限までに荷物が届かないのは、途中で不測の事態が起こったか、{ また・または }、先方の発送が遅れたためだろう。

3. 呼応表現

3-1.「確かに…が」

問16 続く文として適切な方を選んでください。

1. 日本では、老人問題はヨーロッパのように深刻ではない。
    a．確かに、高齢化が進んでいる。
    b．確かに一人暮らしの老人もいるが、家族といっしょに住んでいる老人も多い。
2. 最近、中途採用をもっと押し進めるべきだという声をよく聞く。
    a．確かに、人事の流動性が必要なことがわかる。
    b．確かにメリットはあるが、組織の伝統も大切である。

> 書きことばで、「確かに」の後に「しかし」「だが」などの接続詞が来る場合には、「一面それは事実だが／正しいが」という意味になる。後に前の部分的修正がくる。

練習16 文を完成してください。

1. A社とB社を比べると、送料に関して言えば確かにA社の方が安い。
    しかし、＿＿＿＿＿＿＿＿＿＿＿＿＿＿＿＿＿＿＿＿＿＿＿＿＿＿＿＿＿。
2. 男女平等の政策によって確かに女性の職業の選択肢は広がったが、
    ＿＿＿＿＿＿＿＿＿＿＿＿＿＿＿＿＿＿＿＿＿＿＿＿＿＿＿＿＿＿＿＿＿。
3. 確かに、インターネットの普及によって、情報量は増えた。
    しかし、＿＿＿＿＿＿＿＿＿＿＿＿＿＿＿＿＿＿＿＿＿＿＿＿＿＿＿＿＿。

3-2.「というのは／なぜなら／なぜかというと…からだ」

問17 続く文として適切な方を選んでください。

1. 車を手放す人が増えている。
    a．というのは、ガソリン代も値上がりして、維持費にお金がかかる。
    b．というのは、ガソリン代も値上がりして、維持費にお金がかかるからだ
2. 大きな災害が起きたとき、人は、政府の言うことより、隣人の言うことを信用する。
    a．なぜなら、政府は、私の生活を知らない。
    b．なぜなら、政府は、私の生活を知らないからだ。

> 「というのは」「なぜなら」「なぜかというと」で文を始めたら、文末は「からだ」「のだ」などで終わる。「それは」が使われることもある。「なぜかというと」は話しことば。

練習17 文を完成してください。

1. 冬になると天気予報が気になって仕方がない。
    というのは、＿＿＿＿＿＿＿＿＿＿＿＿＿＿＿＿＿＿＿＿＿＿＿＿＿＿。
2. 母は、子供のころ、私の生活態度に関してそんなにうるさいことは言わなかった。
    なぜかというと、＿＿＿＿＿＿＿＿＿＿＿＿＿＿＿＿＿＿＿＿＿＿。
3. 薬は病気を治すものだが害にもなる。
    なぜなら、＿＿＿＿＿＿＿＿＿＿＿＿＿＿＿＿＿＿＿＿＿＿＿＿＿。
4. 私は犬がこわい。それは、＿＿＿＿＿＿＿＿＿＿＿＿＿＿＿＿＿＿。

4. 総合練習

1. 次は、**論文の文章**です。どちらが適切ですか。
(1) 敬語は日本において昔から使われ、{また・それから}現在もよく使われているものである。{しかし・だけど}敬語の使用に関して批判的な見方をする人も少なくない。{さて・そこで}、まず第1部の各節では、敬語についてのこれまでの議論を概観する。
(2) 地震保険で一部損壊というのは、建物の基本的な構造部分の損傷を指す。{その結果・したがって}壁が落ちたり、ガラス窓が割れても保険の対象にはならない。
(3) 授業料の値上げというのは、いつも大きな議論を呼ぶ。{それで・さらに}、話を複雑にするのは、「教育の機会均等」という問題がそこに絡むからである。
(4) 大会社、{したがって・すなわち}資本金5億円以上、または負債総額200億円以上の会社は現在1万1千社ほどある。

2. 次は、**書かれた文章**です。どちらが適切ですか。
(1) ＜パンフレット＞国際スピード郵便には月間割引制度があります。
{しかし・ただし}、月50通以上の場合に限ります。
(2) ＜新聞＞調査の結果A社の責任が明らかになり、{その後・それから}A社は事実を認め謝罪した。
(3) ＜新聞＞10月から大手私鉄の運賃が平均20％値上げされる。{また・そして}地下鉄・市バスも来年4月からの値上げを予定している。
(4) ＜市の広報＞使い捨てライターは、完全に使い切ってから、燃えないゴミとして出してください。{なお・ただし}市役所にも回収箱を置いていますのでご利用ください。
(5) ＜エッセー＞体力の面で劣っていたから戦いに敗れたという論がある。しかし、体力が劣ったものでも、体力で上回る者に勝つ場合がある。{その結果・したがって}体力を補う戦い方ができなかったと言うべきなのだ。

Ⅱ 接続詞

3．次は、会話の文章です。どちらが適切ですか。

(1) お好み焼きを焼くときは、ゴマ油におろした生姜を入れると、香ばしくておいしいです。｛ただ・だけど｝小さいお子さんがいらっしゃる場合には入れない方がいいでしょう。

(2) 息子：学校なんて何のためにあるんだろう？
　　母：｛また・だって｝学校へ行かなきゃ、いろんなこと勉強できないじゃない。
　　息子：｛でも・しかし｝うちでも勉強できるよ。

(3) 飼い主：この犬、もう15歳なんですよ。
　　近所の人：｛それにしても・それにしては｝元気がいいですね。

(4) 鈴木：田中さんのご意見に賛成です。｛ところが・ただ｝……。
　　田中：｛ところが・ただ｝何ですか。
　　鈴木：今それを実行するのはお金がかかりすぎるように思います。
　　田中：｛で・じゃ｝資金の調達方法を明確にすればいいんですね。

(5) 部下：昨晩、〇〇会社が納期を遅らせてほしいと言ってきました。
　　上司：｛そこで・それで｝どう返事したの？

(6) Ａ：彼に、気持ち、話した？
　　Ｂ：うん。
　　Ａ：｛そこで・それで｝、彼は何て？
　　Ｂ：自分も同じように思ってたって。
　　Ａ：よかったじゃない。

4. { } の中から最も適切な接続詞を選んで（　　　）に入れてください。（使う接続詞は1つ1回。）

(1) {でも・そこで・ところで・つまり}
外国に行くときは、どんなお土産を買ったらいいか悩む。（①　　　）その国の人の好みが自分と同じでいいのかわからないということだ。（②　　　）試しにインターネットで検索してみた。ありがたいことに、そういうことをアドバイスしてくれるページがちゃんとあるのだ。（③　　　）これでも絶対安心ということにはならない。人によって好みは違うからだ。（④　　　）そもそもお土産を持っていくというのは、世界共通の習慣なのだろうか。

(2) {それに・それでは・それとも・あるいは}
A：この次お会いするのはいつにしましょうか。
B：木曜なら、1日空いています。（①　　　）水曜の午後でもいいですよ。
A：（②　　　）早い方がいいので、水曜にさせてください。場所はここでいいですか。
　　（③　　　）Bさんの会社に私が行きましょうか。
B：ここの方が落ち着いて話せていいでしょう。（④　　　）駅にも近いですし。

(3) {なお・ただ・その上で}
A：契約書にサインをいただけますか。
B：いや、まず上司と話して、（①　　　）お返事します。
A：わかりました。（②　　　）この契約書の内容の有効期間は1週間ですので、その点御承知おきください。（③　　　）契約の際には、社印が必要です。

(4) {さて・だから・それとも}
A：お腹すいたなあ。（①　　　）今日は、何を食べようか。
B：イタリアン、フレンチ、（②　　　）中華。
A：ここのところ食べすぎなの。（③　　　）、軽く、そばがいいんだけど。

5. ｛　　｝の中から最も適切な接続詞を選んで（　　）に入れてください。（使う接続詞は１つ１回。）

(1) ｛その上・それで｝

この店は大きくて、品数も多い。
　　① (　　　　　) 店員の応対も感じがいい。
　　② (　　　　　) いつも客であふれている。

(2) ｛しかし・しかも・そこで・その結果｝

どの国でも人々は農村から大都市に流入する。
　　① (　　　　　) その大多数は若者だ。
　　② (　　　　　) 法律でそれを制限する国もある。
　　③ (　　　　　) その人数を５年ごとに見てみよう。
　　④ (　　　　　) 都会の人口集中が発生する。

(3) ｛したがって・ところが・それにしても｝

年末は移動する車が多く、道はどこも混むのが普通だ。
　　① (　　　　　) 今日の渋滞はひどい。
　　② (　　　　　) 今日はがらがらだ。
　　③ (　　　　　) 年末は車の使用を避けた方がいい。

6. 文を完成してください。

(1) うちの犬は、人間のことばがわかる。
　　①それに、＿＿＿＿＿＿＿＿＿＿＿＿＿＿＿＿＿＿＿＿＿＿＿＿＿。
　　②しかも、＿＿＿＿＿＿＿＿＿＿＿＿＿＿＿＿＿＿＿＿＿＿＿＿＿。
　　③それにしては＿＿＿＿＿＿＿＿＿＿＿＿＿＿＿＿＿＿＿＿＿＿。

(2) 今年の東北は晴天が続き、米が豊作だそうです。
　　①しかし、＿＿＿＿＿＿＿＿＿＿＿＿＿＿＿＿＿＿＿＿＿＿＿＿。
　　②その上＿＿＿＿＿＿＿＿＿＿＿＿＿＿＿＿＿＿＿＿＿＿＿＿＿。
　　③それで、＿＿＿＿＿＿＿＿＿＿＿＿＿＿＿＿＿＿＿＿＿＿＿＿。
　　④ところで、＿＿＿＿＿＿＿＿＿＿＿＿＿＿＿＿＿＿＿＿＿＿。

(3) 洋書は大型書店で購入できる。
　　①しかし、＿＿＿＿＿＿＿＿＿＿＿＿＿＿＿＿＿＿＿＿＿＿＿＿。
　　②ただし、＿＿＿＿＿＿＿＿＿＿＿＿＿＿＿＿＿＿＿＿＿＿＿＿。
　　③また、＿＿＿＿＿＿＿＿＿＿＿＿＿＿＿＿＿＿＿＿＿＿＿＿＿。

III のだ、からだ、わけだ

ウォームアップ

A．より適切な方に○をつけてください。
1．素敵な服ですね。原宿で｛買いましたか・買ったんですか｝。
2．どうしてパーティーに｛行きませんか・行かないのですか｝。
3．私は学校に自転車で｛来なかった・来たのではない｝。歩いてきたのだ。
4．妹は看護師｛ではありません・なのではありません｝。医者です。

B．より適切な方に○をつけてください。
1．昨日は大学を休みました。頭が痛かった｛です・んです｝。
2．＜子どもが1人で泣いているのを見て、独り言として＞
　　あの子、迷子に｛なった・なったんだ｝。
3．A：顔色が悪いですね。どうしたんですか。
　　B：実は父が｛入院しました・入院したんです｝。
4．A：佐藤さんの意見についてどう思いますか。
　　B：私は佐藤さんの意見は正しい｛じゃないか・んじゃないか｝と思います。
5．＜引っ越しの案内を見て＞彼、｛引っ越した・引っ越したんだ｝。
6．洋子さんが引っ越しするのはお父さんの転勤が｛決まった・決まったからだ｝。

C．より適切な方に○をつけてください。
1．1万円持って出かけた。帰ってから数えたら2千円しか残っていなかった。1日で8千円も｛使った・使ったわけだ｝。
2．A：吉田さんはアメリカに5年住んでいたそうよ。
　　B：道理で、英語がうまい｛わけだ・んだ｝。
3．貧しいからといって、人の物を盗んでもいい｛わけではない・のではない｝。
4．こんな難しい問題、解ける｛わけではない・わけがない｝。

1. 疑問文・否定文における「のだ」

● 「のだ」(1) 疑問文の場合 ……………………………………………

○ 2種類の疑問文

問1 次の場合に使うより適切な方に○をつけてください。

1. 林さん（聞き手）がパソコンを持っているかどうかを知らないときに使う疑問文
   → a. 林さんはパソコンを持っていますか。
   　 b. 林さんはパソコンを持っているのですか。
2. ノートパソコンを買って帰ってきた林さんに会ったときに使う疑問文
   → a. そのパソコンは秋葉原で買いましたか。
   　 b. そのパソコンは秋葉原で買ったんですか。
3. 自分が持っている本を友だちが読んだかどうかを知らないときに使う疑問文
   → a. この本、もう読んだ？
   　 b. この本、もう読んだの？
4. 友人のアメリカ人ビルが村上春樹の『1Q84』を読んだと聞いたときに使う疑問文
   → a. ビルは『1Q84』を日本語で読んだ？
   　 b. ビルは『1Q84』を日本語で読んだの？

> ルール1
> 疑問文には2つの種類がある。
> 1つは、文全体が正しいかを尋ねるものである。この場合は、「のだ（のです／んです／の）」を含む疑問文を｛使う・使わない｝。例えば、1は林さんがパソコンを持っているかどうかを尋ねている。
> もう1つは、述語が正しいことがわかっていて、他の部分を尋ねるものである。この場合は、「のだ（のです／んです／の）」を含む疑問文を
> ｛使う・使わない｝。例えば、2は林さんがパソコンを買ったことはわかっていて、買った場所が秋葉原であるかどうかを尋ねている。

練習1　より適切な方に○をつけてください。
1．鈴木：先週、京都に行ってきました。
　　田中：いいですね。旅行で｛行きましたか・行ったんですか｝。
　　鈴木：残念ながら、出張です。
2．加藤：王さん、山田先生のレポートもう｛書いた・書いたの｝？
　　王：うん。これだけど。
　　加藤：見せて。すごいね。これ、辞書を使わずに｛書いた・書いたの｝？
　　王：うん、まあね。
3．山田：スミスさんは大学を卒業してから日本に｛来ましたか・来たんですか｝。
　　スミス：はい、そうです。

問2　より適切な方に○をつけてください。
1．田中：森さんに聞いたんだけど、山田さんは来週中国に｛行く・行くの｝？
　　山田：ううん。再来週だよ。
2．花子：コンサートは横浜で｛開かれますか・開かれるんですか｝。
　　洋子：はい、そうです。
3．吉田：佐藤さんは朝はパンですか、それとも、ご飯ですか。
　　佐藤：私は朝は食べないんです。
　　吉田：佐藤さんは仕事が忙しいから朝ご飯を｛食べませんか・食べないんですか｝。
　　佐藤：そうですね。体によくないとは思うんですが。

ルール2
疑問文の中に、時間、場所、理由を表す節など、文の内容をより詳しくするための要素があるときは「のですか（んですか）」「の？」が使われる。

練習2　より適切な方に○をつけてください。
1．吉田：明日、上海に出発します。
　　山田：ご苦労様です。明日は成田から｛出発しますか・出発するのですか｝。
　　吉田：いいえ。羽田からです。
2．林さんは大阪の大学で勉強されたそうですが、大阪で
　　｛生まれましたか・生まれたんですか｝。
3．山田さんは雨が降っているのに｛出かけましたか・出かけたんですか｝。

○疑問語がある場合

問3 より適切な方に○をつけてください。
1．この絵は誰が｛かきましたか・かいたんですか｝。
2．吉田さんはなぜ会議に｛遅刻した・遅刻したの｝？

> ルール3
> 文の中に疑問語（Question word）がある場合は「のですか（んですか）」「の？」を使う方が自然である。

練習3 より適切な方に○をつけてください。
1．＜人がたくさん集まっているのを見て＞何が｛ありましたか・あったんですか｝。
2．この本はいつからここに｛置いてありますか・置いてあるんですか｝。

○要素を強調する場合

問4 適切な方に○をつけてください。**太字**のところは強く発音します。
1．田中さんは**パソコンを**｛買いましたか・買ったんですか｝。この前は、タブレットを買うって言ってたけど。
2．佐藤：吉田さんはペキンに行くって聞いたけど、**韓国語を**
　　　　｛勉強してる・勉強してるの｝？
　　山田：そうよ。韓国語の先生がかっこいいらしいの。

> ルール4
> 文の内容を詳しくするためのことばがない場合でも、文中の要素を強調する場合は「のですか（んですか）」「の？」が使われる。

練習4 文を完成してください。**太字**のところは強く発音します。
1．田中さんはこの本を**買った**んですか。それとも＿＿＿＿＿＿＿＿＿＿んですか。
2．山田さんは**うどんを**食べたの？　それとも＿＿＿＿＿＿＿＿＿＿の？
3．**佐藤さんが**来たんですか。それとも＿＿＿＿＿＿＿＿＿＿んですか。

○述語が形容詞、名詞の場合

問5 次のabの意味はどう違いますか。

1. a．田中さんは学生ですか。
   b．田中さんは学生なんですか。
   a．_____
   b．_____
2. a．山田さんはクラシック音楽が好きですか。
   b．山田さんはクラシック音楽が好きなんですか。
   a．_____
   b．_____

> ルール5
> 述語が形容詞、または、「名詞＋だ」のときは、普通、「んですか」「の？」は使われない。もし使うと、理由を尋ねる意味になり、相手に不快感を与える場合がある。例えば、1で「んですか」を使うと、「学生には見えないけど、本当に学生なのか」という意味になり、場合によっては相手に不快感を与えることになる。

練習5 適切な方に○をつけてください。

1. ＜ケーキを食べている聞き手に対して＞
   そのケーキ、{おいしい・おいしいの}？　よかったら一口くれない？
2. そのかばんどこで{買った・買ったの}？　{高かった・高かったの}？

ちょっと一息 ⑥

クイズの場合

　ここまで、疑問文で「の(だ)」を使うかどうかについて見てきました。みなさんの中には、ここまで見てきたルールにちょっと疑問を感じた人もいるかもしれません。例えば、次の文は正しいのではないかと感じる人もいるかもしれません。

　　林さんは秋葉原でパソコンを買いましたか。……①

　確かに、①が使われる場合はあります。それは、クイズの場合です。例えば、安倍首相の1日を映したビデオを見た後で、クイズの司会者が次のように言うことはあり得ます。

　　司会者：ここでクイズです。安倍首相は秋葉原でパソコンを買いましたか。

　ところで、そもそも「質問をする」というのはどういうことでしょうか。典型的な「質問文」というのは次のような条件を満たすものだと考えられます。

　　a．話し手は聞きたい内容について知らない。
　　b．聞き手はその内容について知っている（と話し手は考えている）。

　この2つの条件が満たされている場合に、話し手は聞き手に「質問」をすると考えられ、そのときに使われる「疑問文」は「質問文」として使われています。

　さて、この点からクイズの場合を考えてみると、クイズの場合の疑問文（「クイズ疑問文」）は上の2つの条件を満たしていないことがわかります。まず、クイズの司会者はクイズの答えを知っていますから、aは成り立ちません。また、クイズの回答者はクイズの内容を知らないはずですから、bも成り立ちません。つまり、「クイズ疑問文」というのは形の上では疑問文であっても、実際には「質問文」ではないのです。

　ここで、①に戻ると、この文が使えるのはクイズの場合に限られますが、ここまで見てきたように、クイズ疑問文は質問文ではありません。以上のことから、①のような文は質問文としては使うことができず、このような、「パソコンを買ったことは知っているが、その場所が秋葉原であるかどうかはわからない」場合（質問文の場合）には次の②のように言う必要があることがわかります（ちなみに、クイズの場合には②のような「の(だ)」を含む疑問文は使えません）。

　　林さんは秋葉原でパソコンを買ったんですか。……②

●「のだ」(2)　否定文の場合

問6 適切な方に○をつけてください。

1．友だちに勧められたからその会に出席したのではない。
　　　文の意味：その会に｛出席した・出席しなかった｝。
2．この本は図書館で借りて読んだんじゃない。
　　　文の意味：この本は｛読んだ・読まなかった｝。
3．お母さんに叱られたのでご飯を食べなかった。
　　　文の意味：ご飯を｛食べた・食べなかった｝。

> ルール6
> 疑問文の場合と同じく、否定文にも2つの種類がある。
> 1つは、文全体を否定するものである。例えば、「私はその会に出席しなかった。」という文は「その会に出席する」ということ全体を否定している。この場合、「のではない（んじゃない）」を｛使う・使わない｝。
> もう1つは、述語が正しいことを認めて、その上で他の部分を否定するものである。例えば、1はその会に出席したことは正しいと認めた上で、その理由が「友だちに勧められた」ということではないと言うときに使われる。この場合、「のではない（んじゃない）」を｛使う・使わない｝。

練習6 適切な方に○をつけてください。

1．a．彼は金持ちだから結婚しなかった。
　　b．彼が金持ちだから結婚したのではない。
　　　彼と実際に結婚したのは｛a・b｝である。
2．a．日本語は難しそうで勉強しなかった。
　　b．日本語が難しそうで勉強しなかったのではない。
　　　勉強しなかった理由が「難しそうだった」であるのは｛a・b｝である。

問7 文を完成してください。
1．この本は買ったんじゃない。友だちに＿＿＿＿＿＿＿＿＿＿＿＿＿＿＿んだ。
2．日本語は発音が難しいのではない。＿＿＿＿＿＿＿＿＿＿＿＿＿＿＿が難しいのだ。

> ルール7
> 「のではない（んじゃない）」は、述語が正しいと認めて、その上で他の部分を否定するものだが、その文だけだと正しいものがわからないので、「のではない（んじゃない）」で終わる文の後に、正しいものを含む文が続くのが普通である。そして、後に続く文は普通、「～のだ（んだ）。」で終わる。

練習7 文を完成してください。
1．私は友だちと遊ぶために大学に入ったのではない。
＿＿＿＿＿＿＿＿＿＿＿＿＿＿＿＿＿＿＿＿＿＿＿＿＿＿＿のだ。
2．私は日本が経済大国だから日本語を勉強したのではありません。
＿＿＿＿＿＿＿＿＿＿＿＿＿＿＿＿＿＿＿＿＿＿＿＿＿＿＿のです。

2. 平叙文における「のだ」

●「のだ」(3) 理由を表す場合

問8 より適切な方に○をつけてください。
1．タイでレストランに入ったとき困りました。メニューがタイ語でしか
　｛書いてありませんでした・書いてなかったんです｝。
2．今日は早く帰ります。｛結婚記念日です・結婚記念日なんです｝。

> ルール8
> 前の文の理由を表すときには「のだ」をつける（「からだ」をつけるときもある）。

練習8 より適切な方に○をつけてください。
1．ヤンさんはとても英語が上手です。
　アメリカに留学したことが｛あります・あるんです｝。
2．A：最近田中さんに会わないね。
　B：今博士論文を｛書いている・書いているんだ｝よ。

●「のだ」(4) 状況と結びつける場合

問9 より適切な方に○をつけてください。
1．＜外に出て道が濡れているのを見て＞雨が｛降った・降ったんだ｝。
2．＜部屋の電気が消えているのを見て＞彼はたぶん｛出かけてる・出かけてるんだ｝。

> ルール9
> 文を現場の状況と結びつけて、その状況の解釈を表す場合には「のだ」を使う。

練習9 より適切な方に○をつけてください。
1．＜雨戸ががたがた鳴るのを聞いて＞
　台風が｛近づいている・近づいているんだ｝。
2．＜村の人たちが僕のことをじろじろ見ている＞
　きっと外国人が｛珍しい・珍しいんだ｝なぁ。

●「のだ」(5) 言い換えを表す場合

問10 より適切な方に○をつけてください。
1. 私は30歳のとき初めてパスポートを取った。
   それまで海外に行ったことが｛なかった・なかったのだ｝。
2. 彼は16歳から18歳までカナダで暮らした。
   つまり、カナダの高校で｛勉強した・勉強したのだ｝。

> ルール10
> 前の文の内容を別の文で言い換えたときには普通「のだ」を使う。この場合、「つまり、すなわち、要するに」とともに使うこともある。

練習10 より適切な方に○をつけてください。
1. 日本は1951年に再独立した。
   1945年から6年間連合国に｛占領されていた・占領されていたのだ｝。
2. 彼は日系3世である。すなわち、彼のおじいさんは｛日本人だ・日本人なのだ｝。

●「のだろう」など

問11 より適切な方に○をつけてください。
1. あそこで子どもが泣いている。迷子になった｛だろう・のだろう｝。
2. 彼は今日のゼミを休んだ。家で何かあった｛かもしれない・のかもしれない｝。
3. 風雨が強くなってきた。台風が近づいている｛のだろう・のようだ｝。

> ルール11
> ルール8～10の「のだ」を使った方がいい場合、また、その内容が100%正しいと確信している場合には「のだ」を使うが、そうではない場合には、「のだ」に「だろう／かもしれない（／にちがいない）」をつける。例えば、1で「のだ」を使うと、子どもが泣いている理由として「迷子になった」ことだけを想定していることになるが、それ以外の可能性も想定しているとき、あるいは、100%の確信がないときは、「のだろう／のかもしれない」を使う（「のにちがいない」はあまり使われない）。

練習11　文を完成してください。
1．駅前に人が集まっている。＿＿＿＿＿＿＿＿＿＿＿＿＿＿＿＿＿のかもしれない。
2．彼女はうれしそうな顔をしている。＿＿＿＿＿＿＿＿＿＿＿＿＿＿のだろう。

●「のだ」(6)　解釈、言い換えに対応する疑問文

問12　より適切な方に〇をつけてください。
1．＜駅前に人が集まっているのを見て、近くにいる人に尋ねる＞
　　事故が｛ありましたか・あったんですか｝。
2．田中：山田さん、最近お仕事はいかがですか？
　　山田：実は、去年会社を辞めて大学に入ったんですよ。
　　田中：えっ、それじゃ山田さんは｛大学生ですか・大学生なんですか｝。

> ルール12
> 状況の説明を求めたり、相手が言った内容を言い換えて質問したりする際には、文の内容を詳しくする要素がなく、特定の要素が強調されていない場合でも「のだ」を使う。

練習12　より適切な方に〇をつけてください。
1．A：ジョン君のお父さんは日本人だそうですよ。
　　B：じゃ、ジョン君は日本国籍を｛持っていますか・持っているんですか｝。
2．佐藤：吉田さん、納豆はいかがですか。
　　吉田：私は納豆が食べられないんです。
　　佐藤：吉田さんは｛関西出身ですか・関西出身なんですか｝。
　　（注）関西では最近まで納豆を食べる習慣があまりなかった。

● 「のだ」(7)　発見を表す場合

問13　より適切な方に○をつけてください。

1．＜結婚のお知らせを見て＞彼女、{結婚した・結婚したんだ}。
2．＜洋子さんの家族が写っている年賀状を見て＞
　　洋子さん、子どもが{生まれた・生まれたんだ}。
3．A：佐藤さん、ゴールデンウィークにパリに行くんだって。
　　B1：へえ、パリに{行く・行くんだ}。
　　B2：{そうだ・そうなんだ}。
4．あっ、机の上にきれいな花が{飾ってある・飾ってあるんだ}。

ルール13

何かを見たり、聞いたりして、新しい「情報」を手に入れたときに「のだ」を使う。「もの」を発見したときには「のだ」を使わない。

練習13　より適切な方に○をつけてください。

1．＜機械の使い方がわからなかったが、他の人がやっているのを見てわかったとき＞
　　このボタンを{押せばいい・押せばいいんだ}。
2．A：田中さん、女の子が生まれたんだって。
　　B：{そうだ・そうなんだ}。お祝いあげなきゃね。
3．A：昨日いっしょに食事できなくてごめんね。急に仕事が入っちゃったの。
　　B：{仕事だった・仕事だったんだ}。じゃ仕方ないね。大丈夫だよ。
4．あっ、ソファーの上で猫が{寝ている・寝ているんだ}。

● 「からだ」

問 14-1 下線を引いた部分を強調する文を作ってください。

例：佐藤さんがこの本を書いた。
　　→この本を書いたのは佐藤さんだ。

1．田中さんが来たから、パーティーは盛り上がった。
　　→_____

2．漢字があるから、日本語はおもしろい。
　　→_____

問 14-2 例にならって、文を作ってください。

例：当面デフレが続くと思うのは政府の経済政策が有効ではないからだ。
　　→当面デフレが続くと思う。（それは）政府の経済政策が有効ではないからだ。

1．国内で若者の不満が高まっているのは若年層の失業率が高いからだ。
　　→_____

2．外国で日本語学習者が増えているのは日本のアニメの人気が高いからだ。
　　→_____

> ルール 14
> 「S1。S2 からだ。」は S1 の理由として S2 を述べる言い方である。この言い方は「S1 のは S2 からだ。」という言い方に対応するものである。

練習 14 文を完成してください。

1．日本の出生率は下がり続けている。_____からだ。
2．海外旅行をする日本人が増えている。_____からだ。
3．戦争の記憶を風化させないために、太平洋戦争に関する情報を急いで集めなければならない。_____からだ。

3.「のだ」と「からだ」「わけだ」

●「のだ」と「からだ」

問15 より適切な方に○をつけてください。両方いい場合もあります。

1. ＜デパートで小さな女の子が泣いているのを見て＞
   あの子、迷子になった｛んだ・からだ｝。

2. ＜車を運転中に渋滞に巻き込まれたときに独り言で＞
   事故があった｛んだ・からだ｝な。

3. ＜車の助手席から電話をかけて＞
   今高速に乗ってるんだけど、さっきから全然動かないんだ。
   事故があった｛んだ・からだ｝と思うよ。

> ルール15
> 「のだ」も「からだ」も前の文（連続）の理由を表すことができるが、前の文がことばで表されていない「状況」の場合は通常｛のだ・からだ｝しか使えない。前の文がことばで表されている場合は（原則として）「のだ」も「からだ」も使える。

練習15 文を完成してください。

1. ＜家に帰ると娘がにこにこしている。＞
   _____。

2. ＜外で消防車のサイレンが鳴っているのを聞いて＞
   _____。

3. 発展途上国から日本に働きに来る人が増えている。
   _____。

●「ためだ」

問16 「ためだ」が「からだ」とほぼ同じ意味になるものに○をつけてください。

a. 私は毎月10万円ずつ貯金している。将来家を建てるためだ。
b. 貯金がなくなった。家を買うための頭金を払ったためだ。
c. 娘は牛乳が飲めない。アレルギーがあるためだ。
d. 私は大学を5年で卒業した。1年間留学したためだ。

ルール16
「ためだ」は「からだ」とほぼ同じ意味で使われる（「ためだ」の方がやや
フォーマル）。「ためだ」が意志動詞の辞書形に続くときは目的を表すので、
「ためだ」がこの意味になるのは(無)意志動詞のタ形または無意志動詞のル
形に続くときである。

練習16 より適切な方に○をつけてください。両方いい場合もあります。
1. 彼女は今ダイエット中だ。気に入っているドレスを着る｛ためだ・からだ｝。
2. 昨日は出かけなかった。朝から雨が降った｛ためだ・からだ｝。
3. 私の英語の発音はひどい。
   それは学生のころ学校で英語を勉強できなかった｛ためだ・からだ｝。

● 「わけだ」

問17 より適切な方に○をつけてください。
1. 出かけるとき2万円持っていた。帰ってから数えたら3千円しか残っていなかった。
   1万7千円も｛使った・使ったわけだ｝。
2. A：洋子さんは来月田中さんと結婚するそうよ。
   B：ということは、鈴木洋子から田中洋子に｛なる・なるわけ｝ね。

ルール17
「わけだ」も言い換えを表す。「わけだ」は論理的に考えた結果を表す。特に、
相手から聞いたことから考えて得た結果を表すときには、文頭に「というこ
とは」がつくことが多い。

練習17 文を完成してください。
1. 彼の娘が我が家に初めて来たのは18歳で大学に入学したときで、今年その娘が大
   学を卒業する。＿＿＿＿＿＿＿＿＿＿＿＿＿＿＿＿＿＿＿＿＿＿＿わけだ。
2. A：佐藤さんは来月ニューヨークに留学するのよ。
   B：ということは、＿＿＿＿＿＿＿＿＿＿＿＿＿＿＿＿＿＿＿＿わけだね。

ちょっと一息 ⑦

「わけだ」と関連する表現

「わけだ」とよく似た意味を表すものに「ことになる」があります。例えば、次の文は「わけだ」でも表すことができます。

　　日経平均株価は1989年末に4万円近くの最高値(さいたかね)を記録したが、その9か月後には2万円を切った。ごく短期間に株式の資産価値が半分になったことになる。

「ことになる」と「わけだ」を比べると、「ことになる」の方がより客観的表現であり、報道文などでよく使われます。なお、次のように、「こと」の部分が「結果、計算」などになることもありますが、同じ意味です。

　　国の借金である国債の発行残高は2011年3月末で約768兆円である。日本の人口を1億2千万人とすると、国民1人あたり640万円の借金がある計算になる。

ちょっと一息 ⑧

「わけだ」のその他の用法

「わけだ」には相手から聞いた情報によって、それまでわからなかったあることの理由がわかったことを表す用法があります。

　　A：田中さんはフランスに3年間留学していたんだって。
　　B：道理で、フランス語がうまいわけだ。

この場合、Bは「田中さんはフランス語がうまい」ということは知っていたが、その理由は知らず、Aから「田中さんはフランスに留学していた」ということを聞いて、その理由がわかったということをこの文は言っています。

こうした場合、文頭に「道理で」がつくことが多いです。また、同じ意味で「はずだ」も使えます。

　　B：道理で、フランス語がうまいはずだ。

● 「のだ」と「わけだ」……………………………………………………………………

問18 より適切な方に○をつけてください。両方いい場合もあります。

1．私は来日当初苦労した。日本語がほとんどわからなかった｛のだ・わけだ｝。
2．彼は今60歳だが、大学卒業後ずっと世界各国で仕事をしてきた。
　　これまでの人生の半分以上を海外で過ごしてきた｛のだ・わけだ｝。
3．A：田中さんは書道二段だそうよ。
　　B：道理で、字がきれいな｛んだ・わけだ｝。
4．日本の生産年齢人口（15～64歳）は今後減少を続けると予想されている。外国人労働者の力を借りなければ現在の経済規模を維持できない｛のだ・わけだ｝。

> ルール18
> 「のだ」と「わけだ」には次のような使い分けの規則がある。
> ・「理由」を表すときは「のだ」が使われる。
> ・「論理的結論」を表すとしか解釈できないときは「わけだ」が使われる。
> ・「相手の話を聞いてそれまでわからなかったことの理由がわかったことを表す」ときは「わけだ」が使われる。
> ・それ以外のときは「のだ」も「わけだ」も使われる。

練習18 文を完成してください。

1．日本企業の海外進出が進んでいる。＿＿＿＿＿＿＿＿＿＿＿＿＿＿＿＿＿のだ。
2．A：ジョンさんは日本の会社で働いているのよ。
　　B：道理で、＿＿＿＿＿＿＿＿＿＿＿＿＿＿＿＿＿＿＿＿＿＿＿＿＿＿。
3．この大学のMBAコースでは修士論文を英語で書いてもよいことになっている。
　　＿＿＿＿＿＿＿＿＿＿＿＿＿＿＿＿＿＿＿＿＿＿＿＿＿＿＿＿＿＿＿＿＿＿。

Ⅲ　のだ、からだ、わけだ

● 「わけではない」

問 19　より適切な方に○をつけてください。

1．仕事がないからといって朝から遊んでいていい｛のではない・わけではない｝。
2．難しいからといって漢字を勉強しなくてもいい｛のではない・わけではない｝。
3．この数学の問題は特に難しい｛のではない・わけではない｝。解き方に少し工夫がいるだけだ。
4．この会社の夏季休暇は 10 日間なので、短い｛のではない・わけではない｝。

> ルール 19
> 「A → B（A ならば、B）」という考え方を否定するときには「わけではない」を使う。例えば、1 は「仕事がない」→「朝から遊んでいていい」という考え方を否定している。この場合、「A からといって B わけではない」という文型で使われることが多い。
> 「わけではない」にはこのほかに、「完全にそういうことではない」という部分的な否定を表す場合がある。例えば、3 はこの問題が難しいということを完全に認めてはおらず、難しいのは解き方に工夫がいる部分だけだということを述べている。この場合、「わけではない」の前には形容詞が来ることが多い。なお、この用法の「わけではない」はほぼ「〜くはない」と言い換えられる。例えば、3 は「この数学の問題は特に難しくはない。」と言い換えられる。

練習 19　文を完成してください。

1．日本人だからといって、＿＿＿＿＿＿＿＿＿＿＿＿＿＿＿＿＿＿＿＿＿＿＿＿＿。
2．英語が得意だからといって、＿＿＿＿＿＿＿＿＿＿＿＿＿＿＿＿＿＿＿＿＿＿＿。
3．このノートパソコンの重さは 2kg なので、＿＿＿＿＿＿＿＿＿＿＿＿＿＿＿＿。

● 「のではない」と「わけではない」

問20 より適切な方に○をつけてください。

1．彼は渋谷でこの服を買った｛のではない・わけではない｝。新宿で買ったのだ。
2．私は東京で生まれた｛のではない・わけではない｝。大阪で生まれたのだ。
3．外国人だからといって、日本人と同じように日本語が話せるようになれない｛のではない・わけではない｝。
4．ジョンさんは日本語がぺらぺらに話せる｛のではない・わけではない｝ので、日本で生活するのはなかなかたいへんだ。

> ルール20
> 「Aのではない。」はAを否定して、A以外のものBと対比する言い方である。例えば、1は服を買った場所が「渋谷」であることを否定して、それ以外の場所と対比する言い方である。そのため、「Aのではない。」のあとには、「Bのだ。」という表現が続くのが普通である。
> 「Aわけではない。」が使えて「Aのではない。」が使えないのは、「A→C（AならC）」という考え方を否定する場合、または、完全にAであるということを部分的に否定する場合である。例えば、4は日本語は多少は話せるが「ぺらぺらに話せる」というほどではないということを言いたい場面なので、「わけではない」しか使えない。

練習20 文を完成してください。

1．田中さんは学生時代、野球を＿＿＿＿＿＿＿＿＿＿＿＿＿＿＿＿＿＿＿＿＿＿。
　バレーボールをやっていた＿＿＿＿＿＿＿。
2．英語で話すことはそれほど＿＿＿＿＿＿＿＿＿＿＿＿＿＿＿＿＿＿＿＿＿＿。
　難しいのは＿＿＿＿＿＿＿＿＿＿＿＿＿＿＿＿＿＿＿＿＿＿＿ことだ。
3．このリンゴは＿＿＿＿＿＿＿＿＿＿＿＿＿＿わけではない。ただちょっとすっぱいだけだ。

●「わけにはいかない」

問21 より適切な方に○をつけてください。
1. 明日は指導教員のパーティーだから、休む｛わけではない・わけにはいかない｝。
2. 大学の授業料を払うために、バイトをしない｛わけではない・わけにはいかない｝。

> ルール21
> 「A、Bわけにはいかない。」は、Aという事実があるので、Bができないという意味を表す。

練習21 文を完成してください。
1. 明日はテストがあるので、＿＿＿＿＿＿＿＿＿＿＿＿＿＿＿わけにはいかない。
2. ＿＿＿＿＿＿＿＿＿＿＿ため、＿＿＿＿＿＿＿＿＿＿＿＿＿＿わけにはいかない。

●「わけがない・はずがない」

問22 より適切な方に○をつけてください。
1. いつも慎重な彼がこんな簡単なミスをする｛わけではない・わけがない｝。
2. 彼女はまだ2歳だから、この手紙が読める｛わけにはいかない・わけがない｝。

> ルール22
> 「Aわけがない。」はAを強く否定する言い方である。ほぼ同じ意味で「はずがない」も使える。

練習22 文を完成してください。
1. 彼は水を大切にする人だから、＿＿＿＿＿＿＿＿＿＿＿＿＿＿わけがない。
2. 彼女は数学の専門家だから、＿＿＿＿＿＿＿＿＿＿＿＿＿＿はずがない。

4.「ではないか」と「のではないか」

●否定疑問文と「Nではないか（じゃないか）」

問23 より適切な方に○をつけてください。

1. A：田中さんの結婚式は9月ですね。
   B：本当ですか。8月｛ですか・ではないですか｝。
   A：＜手帳を見て＞ああ、そうですね。8月ですね。
2. 田中：ねえ見て、あそこにいるのは｛山田さん・山田さんじゃない｝？
   加藤：本当だ。＜山田さんに呼びかける＞山田さん！
   山田：ああ、田中さんに加藤さん、こんにちは。
3. A：今度のパーティーに吉田さん来るよね。
   B：まだわからない。
   A：来ると思ってたんだけど、｛来る・来ない｝の？

> ルール23
> 話し手自身がたぶんX（だ）と思っていることを聞き手に確かめるときは「Xない？（Xないの？／Xないのか）」という形（否定疑問文）を使う。例えば、3のAは「吉田さんがパーティーに来る」と思っているので、そのことを聞き手であるBに確かめるときには「（吉田さんはパーティーに）来ないの？」という形を使う。特に、Xが名詞のときは「Xではない（です）か／じゃない（です）か」を使う（「じゃないか」は主に男性が使い、女性は「じゃない」を主に使う）。このとき、文末のイントネーションは｛上昇する・上昇しない｝。

練習23 より適切な方に○をつけてください。

1. 息子：ごちそうさま。
   母親：もう終わり？　ハンバーグ、好物なのに、｛食べる・食べない｝の？
   息子：うん、｛食べる・食べない｝。今日は食欲がないんだ。
2. ＜イギリス人の友だちが上手な字で日本語の手紙を書いているのを見て＞
   山田：ジョンさんは字が上手だね。漢字は｛難しい・難しくない｝の？
   ジョン：うん、｛難しい・難しくない｝。僕は漢字を覚えるのが好きなんだよ。

3. 田中：どうしたの？　忙しそうだね。
   山田：海外出張の準備なんだ。
   田中：あれ？　出張は{来月な・来月じゃない}の？　{今月な・今月じゃない}の？
   山田：最初はそうだったんだけど、急に今月になったんだよ。

● 「のではないか」(1)

問24 次の文の意味により近い方に○をつけてください。

1. A：田中さんはパーティーに来るのではないですか。
   Aは田中さんがパーティーに
   　　a．来ると思っている　　　b．来ないと思っている
2. A：森さんにメールをしたんだけど、返事が来ないんだ。
   B：森さんは海外出張だと言っていたから、日本にいないんじゃない？
   Bは森さんは日本に
   　　a．いると思っている　　　b．いないと思っている
3. A：明日は雨が降らないのではないでしょうか。
   Aは明日、雨が
   　　a．降ると思っている　　　b．降らないと思っている

> ルール24
> 話しことばで、断定を避けながら自分の意見を述べる言い方に「Xのではないか」がある。「Xのではないか」は「Xない(の)？」に近い意味である。このとき、文末のイントネーションは{上昇する・上昇しない}。
> Xは動詞、形容詞、名詞のどれでもよい（ただし、Xは普通形）が、ナ形容詞と名詞のときは「Xなのではないか」の形になる。
> 「Xのではない(です)か（んじゃない(です)か）」とほぼ同じ意味を表す形式に「Xのではないでしょうか（んじゃないだろうか）」がある。後者の方が前者よりもていねいな表現である。

練習24　文を完成してください。
1．A：今アラビア語を習っているんです。
　　B：アラビア語は_____。
　　A：私もそう思っていたんですが、それほどでもないです。
2．佐藤：田中さんはいつ帰省するの。
　　田中：今年はしないんだ。
　　佐藤：この前は「夏休みは帰省する」って_____？
　　田中：そうなんだけど、予定が変わっちゃったんだ。

● 「のではないか」(2) ……………………………………………………………………

問25　より適切な方に○をつけてください。
1．この問題は難しすぎる{ではないか・のではないか}と思います。
2．この本はたぶん売れる{ではないだろうか・のではないだろうか}。
3．彼は会議には来ない{では・のでは}。

> ルール25
> 「のではないか・のではないだろうか」は書きことばでは「と思う」の代わりによく使われる（書きことば（特に論文や論説文）では「と思う」はあまり使われない）。
> 書きことばでは「んじゃない(だろう)か」は使わない。
> 「のではないだろうか（んじゃないだろうか）」「のではないか（んじゃないか）と思う」は「のではないか（んじゃないか）」よりも断定を避ける度合いが強い表現である。
> 「のではないか（んじゃないか）」は「のでは（んじゃ）」の形でもよく使われる。

練習25　文を完成してください。
1．このまま地球の温暖化が続くと_____のではないだろうか。
2．今年は_____のではと思っています。
3．この計画は_____のではないですか。

●「のではないか（んじゃないか）」(3)

問26 適切な方に○をつけてください。

1. ＜上司が作った資料をチェックした部下が＞
   この数字、違う｛ではないですか・のではないでしょうか｝。
2. 田中：この前渡したゼミのレジュメだけど、読んでくれた？
   山田：読んだよ。大体いいと思うけど、もう少し例を増やした方が
   ｛いいじゃない・いいんじゃない｝？

> ルール 26
> 聞き手に対して注意、または、忠告をする場合、特に、聞き手のミスを指摘するような場合は普通「のではないでしょうか（んじゃないでしょうか）」「のではないか（んじゃない（か））」を使う。

練習26 文を完成してください。

1. ＜ゼミでのプレゼンテーションが終わった後のコメント＞
   スミスさんのプレゼンテーションはよかったと思いますが、
   ＿＿＿＿＿＿＿＿＿＿＿＿＿＿＿＿＿＿＿＿＿＿のではないでしょうか。
2. A：顔色が悪いよ。
   B：熱があるみたいだ。
   A：仕事はそれぐらいにして、＿＿＿＿＿＿＿＿＿＿＿んじゃない？

●「ではないか（じゃないか）」

問27 次の各文の意味は｛　　　｝の中のどれですか。適切なものに○をつけてください。

1. A：テストの点が悪かった。
   B：だから、言ったじゃないか。テストの前にもっと勉強した方がいいって。
   ｛非難・励まし・聞き手の注目を向けさせる｝
2. 学生：奨学金の面接、だめでした。
   先生：残念でしたね。でも、また今度頑張ればいいじゃないですか。
   ｛非難・励まし・聞き手の注目を向けさせる｝
3. あそこに赤い屋根の家が見えるじゃないですか、あれが私の家です。
   ｛非難・励まし・聞き手の注目を向けさせる｝

ルール 27

動詞、形容詞に「ではない(です)か（じゃない(です)か）」がつくと、特別の意味を表す。その意味というのは「聞き手が気がついていない（十分に認識していない）ことに聞き手の注意を向ける」ということである。
これには次のような場合がある。
・聞き手を非難する場合（問 27-1）
・聞き手を励ます場合（問 27-2）
・聞き手の注目をあるものに向けさせる場合（問 27-3）
この場合、文末のイントネーションは上昇調に｛なる・ならない｝。

練習27 文を完成してください。

1. ＜パソコンが苦手な加藤さんが1人で年賀状を作ったのを見て＞
   加藤さん、すごいですね。1人で＿＿＿＿＿＿＿＿＿＿＿＿じゃないですか。
2. A：パーティーは今週の日曜日だよね。
   B：パーティーは＿＿＿＿＿＿＿＿＿＿＿＿じゃない。忘れないでね。

● 「のではないか（んじゃないか）」と「ではないか（じゃないか）」 ……………

問28 より適切な方に○をつけてください。両方いい場合もあります。

1. ＜失敗して落ち込んでいる友だちに＞
   元気を出して。今回失敗したことを次に生かせばいい｛じゃない・んじゃない｝。
2. うちの学校って、駅から遠い｛じゃないですか・んじゃないですか｝。今度、大学からの直通のバスができることになったんですよ。
3. あそこに立っている人は女の人｛じゃない・なんじゃない｝？

ルール 28

動詞、形容詞の後に続く場合、「ではないか（じゃない(か)）」と「のではないか（んじゃない(か)）」の意味は異なる（「か」がつく形を使うのは主に男性）。

「ではないか（じゃないか）」の前が名詞で、文末のイントネーションが上昇調のときは、「ではないか（じゃないか）」と「のではないか（んじゃないか）」の区別がなくなる。

練習28　より適切な方に○をつけてください。

1．うちのアパートって古い{じゃない・んじゃない}？　今年の夏に耐震工事をすることになったのよ。
2．彼女最近元気だね。何かいいことがあった{じゃないか・んじゃないか}。
3．＜レポートの締切に間に合わなかった友だちに＞
　　だから早くから始めなきゃだめって言った{じゃない・んじゃない}。

ちょっと一息 ⑨

「じゃない」について

　「ではないか」の中の1つの形に、「じゃない」があります。この形は、前につく語の品詞によっていくつかの意味になります。
　1）名詞・ナ形容詞につく場合：否定疑問文
　　・あそこに立っている人、田中さんじゃない？
　　・田中さんのクラスの佐藤さんって、優秀じゃない？
　2）動詞・イ形容詞につく場合：相手を励ましたり非難したりするとき
　　・今回はだめでも、この次のチャンスがあるじゃない。
　　・この店は安いって聞いていたのに、高いじゃない。
　これらはそれぞれ、ルール23、27の例です。そして、文末のイントネーションは、1）の場合は上昇調になり、2）の場合は下降調になります。
　これに対して、次の用法は「じゃない」だけにあるもので、「じゃないか／ではないか／ではないですか」にはありません。「じゃないですか」には一部こうした使い方がありますが、次のコラムで触れるように、一般的ではありません。
　3）全ての品詞：相手の注意を自分がこれからしようとする話に向けさせる
　　・あそこに赤い屋根の家が見えるじゃない？　あれが私の家なの。
　　・原宿って、若い人ばかりじゃない？　だから、あんまり行きたくない。
　　・高校のときのクラスに吉田さんっていたじゃない？　あの人今度、市会議員の選挙に出るんだって。
　この用法の特徴は、どの品詞についても文末のイントネーションが上昇調になることです。特に、名詞やナ形容詞の場合、この用法は否定疑問文ではない（つまり、たぶんAだと考えて「Aじゃない？」といっているわけではない）ということに注意してください。

ちょっと一息 ⑩

「じゃないですか」の使い方

「じゃないか（ではないか）」にはいろいろな形がありますが、その中に「じゃないですか」という形があります。この形には注意すべき使い方があります。
まず、「じゃないですか」が名詞に続く場合は「んじゃないですか」と同じ意味になり、聞き手に対して控えめに主張するときに使われます。（↗は上昇調イントネーションを表す）

　・この問題の答えは「B」ではないですか？↗（＝なのではないですか）
　・さっき会ったのは山田さんじゃないですか？↗（＝なんじゃないですか）

これに対して、「じゃないですか」が動詞や形容詞に続くときは聞き手を非難したり励ましたりする意味になるのが普通です。

　・＜夕立にあってずぶ濡れになった人に＞
　　だから、今日は雨が降るって言ったじゃないですか。
　　　　　　　　　　　　　　　　（×言ったんじゃないですか）
　・＜不況で大幅に減収になった会社の社長に＞
　　それでもまだ利益があるからいいじゃないですか。
　　　　　　　　　　　　　　　　（×いいんじゃないですか）

ところが、こうした使い方の他に、特に若い人の間で、次のように、聞き手が知らないか、あるいは、同意しているとは限らない内容について「じゃないですか」を使う言い方が増えてきています。

　・納豆って、おいしいじゃないですか。
　・スマートフォンって、便利じゃないですか。

こうした言い方はその意見に賛成ではない人にとっては、一方的に意見を押しつけられるように感じられるため、不快感を与えやすいので注意が必要です。これらの場合は「じゃないですか」ではなく、「と思うんですけど」を使った方がいいです。

　・納豆って、おいしいと思うんですけど。
　・スマートフォンって、便利だと思うんですけど。

5. 総合練習

1. 適切な方に○をつけてください。両方いい場合もあります。
(1) 山田：新しい携帯電話ですね。秋葉原で｛買いましたか・買ったんですか｝。
　　田中：いいえ、新宿です。
(2) 山田：アメリカ留学が決まったそうですね。おめでとうございます。それで、卒業式が終わったらすぐに｛出発しますか・出発するんですか｝。
　　田中：はい、そうです。
(3) 山田：田中さん、今携帯電話｛持ってる・持ってるの｝？　計算をしたいんで、持ってたら貸してほしいんだけど。
　　田中：｛持ってる・持ってるんだ｝よ。はい、どうぞ。
(4) ＜持っているかばんを指して＞私はパリでこのかばんを｛買いませんでした・買ったのではありません｝。ロンドンで買ったのです。
(5) この糸を切りたいんですが、はさみ｛ありますか・あるんですか｝。
(6) 失礼ですが、山田さん｛ですか・なんですか｝。
(7) A：希望していた外資系の会社に就職が決まりました。
　　B：おめでとうございます。それで、海外勤務も｛ありますか・あるんですか｝。
(8) おもしろい考えですね。私もその計画に賛成｛します・するんです｝。

2. より適切な方に○をつけてください。
(1) A：ずいぶん大きな音がしますね。
　　B：ええ、お隣が工事をして｛います・いるんです｝。
(2) A：日本の小説を、日本語で読んでいるんですか。すごいですね。
　　B：でも、全部わかる｛わけではないんです・のではないんです｝。
(3) A：Bさん、今度の週末、予定ある？
　　B：今度の週末はちょっと……。
　　A：忙しいの？
　　B：忙しい｛のではない・わけじゃない｝けど、たまった洗濯を片づけたいと思って。
(4) A：ジョンさんのお母さんは、日本人なんだって。
　　B：道理で、日本語がうまい｛のだ・わけだ｝。
(5) ＜さいふを忘れたのに気がついて＞あ、さいふを｛忘れた・忘れたんです｝。

3．例にならって、次の会話文で「のだ」を使った方がいいところに、接続の形に気をつけて「のだ（んだ）」を入れてください。

例　田中：そのパソコンは秋葉原で買いましたか。
　　鈴木：いいえ。新宿です。
　　→　田中：そのパソコンは秋葉原で**買ったんですか**。

(1)　会話1＜会社で＞
　　鈴木：田中君、ちょっと。
　　田中：はい。何でしょう。
　　鈴木：来週の金曜日に、大阪へ行ってほしい。大阪のうちの取引先を知っているよね。
　　田中：はい、大和商事ですね。
　　鈴木：そう、そこの会議に出席してほしい。
　　田中：はい、わかりました。何か、書類を持っていく必要がありますか。
　　鈴木：いや、メールで送るからいい。
　　→

(2)　会話2＜会社で＞
　　田中：あのう、課長、出張の計画書を見ていただきたいですが。
　　鈴木：あ、悪いけど、今お客さんが見えたので、後にしてくれない。
　　田中：はい、じゃ、また後で参ります。
　　→

(3)　会話3＜日本語学校で＞
　　リー：トーさん、来週スキーに行くんだって？
　　トー：うん、安いパックがあった。
　　リー：いいなあ。ちょっとお願いがあるけど。
　　トー：何？
　　リー：雪山の写真をとってきてもらいたい。一度見てみたい。
　　トー：ああ、いいよ。
　　→

(4) 会話4＜日本語学校で＞

リー：すいません、遅れて。

先生：仕事がなかなか終わらなかったでしょう。

リー：いえ、実はそうじゃありません。電車がひどく混んでいて、降りそこなってしまいました。

先生：ああ、そうだったですか。

→

4．①「ではないか（じゃないか）」と、②「(な)のではないか（んじゃないか）」のどちらがいいですか。

(1) 現実を見ると、公表されている日本の失業率の4％という数字は実態と合っていない（　　　）と思われる。

(2) 彼が来なかったのは、来たくない理由があったから（　　　）。

(3) 100を4等分する、なんだ、子どもでもできる簡単な算数（　　　）と思うかもしれない。

(4) 規制緩和によって苦しんでいる会社もあり、規制緩和が行われない方がいい（　　　）という考えもある。

(5) 日本は経済的には豊かではあるが、真の意味で豊かな社会であるとは言えない（　　　）。

5．次の文の（　　）に「の」または「ん」を入れた方がいいときは○を、どちらも入れない方がいいときは×を、【　】に書いてください。

(1) A：すみません。この計算、間違っている（　　）ではないでしょうか。
    B：本当だ。失礼しました。　　　　　　　　　　　　　　　　　【　】

(2) 山田：田中さん、顔が赤いけど、もしかして、熱がある（　　）じゃないですか。
    　　　早く帰った方がいいですよ。　　　　　　　　　　　　　　【　】
    田中：ありがとうございます。じゃ、今日はお先に失礼します。

(3) 山田：田中さん、顔が赤いですよ。
    　　　＜田中さんの額に手を当てる＞
    　　　やっぱり。熱がある（　　）じゃないですか。
    　　　帰って寝てください。　　　　　　　　　　　　　　　　　【　】
    田中：ありがとうございます。じゃ、今日はお先に失礼します。

(4) A：最近、太ってきたからダイエットしなくちゃ。
    B：全然太ってない（　　）じゃないですか。　　　　　　　　　【　】

(5) ＜部屋の電気が消えているのを見て＞彼は出かけてる（　　）だろう。【　】

6．次の文の（　　）に入れるのに、①「の(ん)」、②「から」、③「わけ」のどれが最も適切ですか。

(1) このさいふは、生協で買った（　　）だ。

(2) 政治改革が進まないのは、各党が自分の優位を確保しようとする（　　）だ。

(3) ダイコンが消化にいいのは、ダイコンの中にアミラーゼという酵素が含まれている（　　）で、これが消化を助ける。

(4) 日本が夜10時のとき、モスクワは夕方5時だ。だから、日本とモスクワの時差は5時間という（　　）だ。

(5) 私のアパートの前には大きな木があって、毎朝たくさんの鳥が来る（　　）です。

(6) A：プリンターが動かないんです。
    B：コンセントが抜けてますよ。
    A：動かない（　　）ですね。

(7) 私は忘れたんじゃないです。そもそも聞いてなかった（　　）です。

(8) あっ、道が濡れている。会議の間に雨が降った（　　）だ。

(9) ＜引っ越しの通知が来たのを見て＞彼、引っ越した（　　）だ。

7．次の2つの文の意味の違いを説明してください。

(1)　a．洋子さんは彼がお金持ちだから結婚しませんでした。

　　　b．洋子さんは彼がお金持ちだから結婚したのではありません。

　　違い：aは＿＿＿＿＿＿＿＿＿＿＿＿＿＿＿＿＿＿＿＿＿＿という意味で、

　　　　　bは＿＿＿＿＿＿＿＿＿＿＿＿＿＿＿＿＿＿＿＿＿＿という意味である。

(2)　a．田中さんはかばんを買いませんでした。

　　　b．田中さんはかばんを買ったのではありません。

　　違い：aは＿＿＿＿＿＿＿＿＿＿＿＿＿＿＿＿＿＿＿＿＿＿という意味で、

　　　　　bは＿＿＿＿＿＿＿＿＿＿＿＿＿＿＿＿＿＿＿＿＿＿という意味である。

8．「わけ」が含まれる表現を使って、文を作ってください。

(1) 風邪が完全に治った（　　　　　　　　　）が、授業をそんなに休む（　　　　　　　　　）。

(2) 今日は、車で来ているので、酒を飲む（　　　　　　　　　）。

(3) 私は、そのとき彼といっしょだったから、彼が知らない（　　　　　　　　　）。

(4) 料理が嫌いという（　　　　　　　　　）が、1人で食べてもつまらないから作りたくないんだ。

(5) 与党が圧勝したからといって、景気がよくなる（　　　　　　　　　）。

総合演習

1.　クルマを買い換えるべきかどうか迷っている。現在の愛車はちょうど十年になる代物で、走行距離も約十万キロだ。どこも悪くなっていないが、そうなってからでは遅いので検討しているというわけだ。

　久しぶりにカタログなんぞを眺めるのは楽しいものである。かつて私は自動車関連のメーカーに勤務していたので、自動車部品の名前などを目にすると、懐かしい気分にもなってくる。

　しかしちっとも懐かしくないものもある。それはカーナビだ。

　十年前はさほど一般的ではなかった。①それが今や搭載していて当然の品である。以前は数十万円もしたが、今ではその十分の一程度の価格で、②｛また・しかも｝高機能なものが手に入るようになった。

　私も何度か購入を検討したことはある。友人らとドライブに行った時、カーナビ搭載を前提に話を進められて困ったことがあるからだ。ガソリンスタンドやコンビニを探しやすいのも便利かなと思った。

　だが結局今も使っていない。最大の理由は、ロードマップを見ながらドライブするのが好きだということだ。カーナビの入力にごちゃごちゃと手間取っているくらいなら、さっさと地図を広げればいいと思ってしまう。たしかに日本の道路は③＿＿＿＿＿＿＿＿＿＿＿＿。しかし少々道に迷ったって仕方がないし構わないと思っている。遠回りをしたおかげで思わぬ発見をすることだって少なくないからだ。

(東野圭吾『さいえんす？』角川書店(角川文庫)pp.68-69)

＜問１＞①この「それが」は、接続詞と同じ働きをしています。接続詞に置き換えるとしたら、何が適当ですか。

＜問２＞②どちらが適切ですか。

＜問３＞③適当な文を考えてください。

2. 　人間は誰もが老いる。誰もが身体の力強さ、美しさ、柔軟さ、社会的役割や人間関係、A｛あるいは・そして｝将来の可能性などの喪失を経験する。微妙な変化を「年を取った」あるいは「まだ若い」などと勝手な解釈をして、あるいは他者から与えてもらうことにより、老いを受容することを学ぶ。

（金本伊津子「老いのエスニシティ」『書斎の窓』566,2007）

＜問＞Aの2つの接続詞によって、文の意味はどう変わりますか。ここではどちらが適切ですか。

_____

3. 　①世の中に「朝市」というものがある。人類の歴史と共にあり、現在でも世界の各地で開かれている。この世界に、戦後、興味深いことが起こった。農産物の「無人販売所」というものがつけ加わった。農協に出せない形の悪い野菜などを並べるものであった。A｛そして・そこで｝、この「無人販売所」なるものは日本以外には成立しえないと言われている。現金が置いてあるのに、（ア　　　　）のである。

　②1980年代の中頃になると、無人販売所を経験した農村の婦人たちが、もう少し本格的にやりたいとして「農産物直売所」を始めていくことになる。当初はバラックに戸板一枚であった。このような行為は農協に「対する」ものであり、いくつかの妨害を受けたことも報告されている。

　③この直売所は燎原の火のごとく全国に拡がっていった。特に、中山間地域に進出していた繊維・縫製関係の工場が一気に中国進出を開始する1995年頃から、あたかもそれを補うように、直売所が増加していった。
　　　　　　a

　④この直売所の最大のポイントは、日本の農業史上、初めて農家の婦人が「預金通帳」を持ったこととされている。直売所のレジでこのことが話題になると、婦人たちは弾けたようにその喜びを語り始める。そして、直売所のレジに立ち、彼女たちは消費者と直接的なコミュニケーションをとるようになる。彼女たちは工夫を重ね、興味深い農作物を自分の（イ　　　　）で作り始めるようになるのである。戦後、考えることを停止させられていた農業生産者が「自立」し始めてきたことの意義は極めて大きい。

　⑤売れ残りが出ると、何かにしようと工夫し始める。漬物にしたり、佃煮にしようとする。そこから、先の「加工場」が生まれてくる。あるいは、地場の食材で「農村レストラン」を始める場合もある。ここまで来ると、中山間地域の最大の課題であ
　　　　　　　　　　　　　　　b

る雇用の場も生まれてくるであろう。

(関満博「日本の農業、農山村を変える三点セット」『如水会々報』2011年3月号)

　　(注)　バラック：粗末な建物
　　　　　農協に「対する」：農協の方針に反抗する
　　　　　燎原の火のごとく：勢いが盛んであることを表す
　　　　　佃煮：魚などを加工した食品
　　　　　地場：地元

<問1>①～⑤の中で、段落のはじめに接続詞があった方がよいのはどれですか。
　　　その場合、どんな接続詞が適切ですか。
<問2>Aの接続詞は、どちらが適切ですか。
<問3>アに入れるのに最も適切なことばを書いてください。
<問4>イに入れるのに最も適切なことばを次の中から選んでください。
　　　　1．意見　　　2．意志　　　3．意味　　　4．意義
<問5>下線部a「それ」が指す内容を本文にそくして書いてください。

<問6>下線部b「ここ」とは具体的にはどのような状態のことですか。本文にそくして
　　　書いてください。

4. 「会社員」という呼び方の曖昧さをさらに拡大した言葉として、「サラリーマン」がある。職業を問われた際に、「サラリーマンです」と答えるケースは、「会社員です」と答える場合と同じほど多いだろう。そこでは、「会社員」と「サラリーマン」はほぼ同義の語として使われているような印象を受ける。

　（a　　　　）、労働のイメージ、仕事の感触から遠く隔っているという点で、この両者には共通の性格が認められる。
　　ア

　ただ一点、大きく異なるのは、「サラリーマン」なる呼称には「会社員」には見られなかった金銭の要素が加わっていることである。「サラリーマン」を日本語になおせば、「給料生活者」となるだろう。「会社員」といった際には、とにもかくにも会社に働きに行っている人間、仕事の場として会社に勤めている人間を指すが、「サラリーマン」には仕事の場所を示すイメージさえない。仕事の内容はもちろん、働いている場所までも関心の外に投げ出されている。（b　　　　）仕事の結果支払われる給料のみがクローズアップされているのである。その意味では、「サラリーマン」という言葉は、労働よりもむしろ消費に顔を向けているともいえる。

　ことわっておかねばならないが、「サラリーマン」なる言葉自身に問題があるのではない。人間を経済生活の面で捉えようとした時、彼の生活の資がどのようにもたらされているかをもとに区別するに当って、年金生活者とか、自営業主とか、自由業にたずさわるものとかとともに「サラリーマン」（給料生活者）が置かれても少しの不思議もない。
　　イ

　問題は、そのような収入面での区分に属する言葉が、職業の名を問われた時に出てくるところにこそある。（c　　　　）そこでは、職業とは給料のことに他ならない。そして考えてみれば、これはわれわれの労働の実態を皮肉にもきわめて正確に表現しているのかもしれないのである。労働が自己表現の場ではなく、仕事に充実した手応えが得られない状況の中では、働く人の関心はひたすら報酬としての給料に集中する。そのような実情があるからこそ、「サラリーマン」という言葉が本来の語義をはみ出してまで使われるようになった（ウ　　　　）。（中略）

　（a　　　　）、「サラリーマン」の生活はあまり血湧き肉躍るといった種類のものではなく、一般的には単調で、退屈なものでさえあるかもしれない。しかしその裏には、（エ　　　　）一面もある。

　先に引用した小関智弘氏の本の中に、次のようなエピソードが記されている。かつて交通ゼネストの行われた日に、小関氏の働いていた町工場では、現場の労働者に一人の休んだ者も遅刻した者もいなかったというのである。これは通勤距離の比較的短

81

い者が多いためではあるが、それだけが理由ではない。今日の町工場の労働者のほとんどは、いまだに月給取りではないためなのだ。小関氏によれば、給料を月末に支払われる者が月給取りなのではない。町工場の労働者は大抵（たいてい）の場合、一日いくら、あるいは一時間いくらと賃金が定められており、それをまとめた額を月末に支払われる、日給月給、時給月給者なのである。（d　　　）、交通ストライキがあったからといえ、休んだり遅刻したりすれば確実にその時間に対応する給料が差し引かれる。「私の職場では、事務系の月給者だけが、遅れたり休んだりした」というさりげない一行がぼくにはまことに印象的だった。
　　　　　　　オ

　「サラリーマン」を一般に「月給取り」と解釈する慣例に従えば、小関氏の町工場では「サラリーマン」だけが遅れたり、休んだりした。彼等は月ぎめの給料取りであり、たとえそのために減額されることがあったとしても、時給、日給を支払われる者より損失は軽微にとどまるに違いないからである。

　そうだとしたら、「サラリーマン」の暮しの内には、生活の安定という側面が重要
　　カ
な要素として含まれていることが忘れられてはなるまい。少し意地悪くいえば、彼等
　　　　　　　　　　　　　　　　　　　　　　　　　　キ
は生活がそれなりに安定しているからこそ、日々の暮しの単調さや仕事のつまらなさを嘆（なげ）くことが出来るのである（その逆に、町工場の労働者には、大企業の「サラリーマン」労働者が容易に手に入れがたい「胸をドキドキさせられる」ような仕事に出会う機会がより多く与えられるのだ、ともいえるだろう）。

　いずれにしても、「サラリーマン」という言葉には働く人間の顔がない。たとえ同じような給料生活者であったとしても、「私はサラリーマンです」と答えるのと、「私は教師です」「私は警察官です」「私は本屋の店員です」と答えるのとは全く異なる。
　　　　　　　　　　　　　　　　　　　　　　　　　　　　　　　　　　ク

　後者のように仕事の内容を告げられた場合には、その答えの中から働く人間の顔が立ち現われ、生きる様が見えてくる。もちろん、職業が人間のすべてではないことはいうまでもない。（e　　　）、それは一度与えられれば年齢や性別のように変えられないものでもない。（f　　　）、そうであるだけに、職業には選択した当人の意志なり、環境なり、経歴なりが投影されてもいる。

（黒井千次『働くということ』講談社現代新書 pp. 114-118）

（注）「サラリーマン」なる呼称：「サラリーマン」という呼び方
　　　クローズアップする：to close up
　　　資：資金、もとで

　　　　　血湧き肉躍る：非常に興奮させられる
　　　　　ゼネスト：general strike
　　　　　さりげない：それらしい様子を見せない

<問1> a〜fに入れるのに最も適切な接続詞を次の☐☐☐の中から選んで、（　　）に答えを書いてください。ただし、同じアルファベットのところには同じ語が入ります。それぞれの語は1回しか使ってはいけません。

　　　　従って　しかし　たしかに　そして　それから　また　つまり

<問2> 下線部ア「この両者」が指すものを、文章の中から選んで書いてください。
　　　＿＿＿＿＿＿＿＿＿　と　＿＿＿＿＿＿＿＿＿

<問3> 下線部イに関して。それでは一体何が問題なのかを本文の内容にそくして簡単に説明してください。
　　　＿＿＿＿＿＿＿＿＿＿＿＿＿＿＿＿＿＿＿＿＿＿＿＿

<問4> ウに入れるのに最も適切な、「の」で始まるひらがな4字または5字を（　　）に書いてください。

<問5> エに入れるのに最も適切な「コソア」のいずれかで始まる語を（　　）に書いてください。

<問6> 下線部オについて。この1行が筆者にとって印象的であった理由を本文の内容にそくして簡単に説明してください。
　　　＿＿＿＿＿＿＿＿＿＿＿＿＿＿＿＿＿＿＿＿＿＿＿＿
　　　＿＿＿＿＿＿＿＿＿＿＿＿＿＿＿＿＿＿＿＿＿＿＿＿

<問7> 下線部カ「そうだ」が指す内容を書いてください。
　　　＿＿＿＿＿＿＿＿＿＿＿＿＿＿＿＿＿＿＿＿＿＿＿＿
　　　＿＿＿＿＿＿＿＿＿＿＿＿＿＿＿＿＿＿＿＿＿＿＿＿

<問8> 下線部キについて。何を言うことが「意地が悪い」ことになるのか、そして、それはなぜなのかを本文の内容にそくして簡単に説明してください。
　　　＿＿＿＿＿＿＿＿＿＿＿＿＿＿＿＿＿＿＿＿＿＿＿＿
　　　＿＿＿＿＿＿＿＿＿＿＿＿＿＿＿＿＿＿＿＿＿＿＿＿

<問9> 下線部クについて。何と何が「全く異なる」のか、そして、それはなぜなのかを本文の内容にそくして簡単に説明してください。
　　　＿＿＿＿＿＿＿＿＿＿＿＿＿＿＿＿＿＿＿＿＿＿＿＿
　　　＿＿＿＿＿＿＿＿＿＿＿＿＿＿＿＿＿＿＿＿＿＿＿＿

参考文献

本文を執筆するにあたり、以下の文献を参考にしました。

有賀千佳子（1993）「対話における接続詞の機能について ―「それで」の用法を手がかりに―」『日本語教育』79 号

庵　功雄（1995）「コノとソノ」宮島達夫・仁田義雄（編）『日本語類義表現の文法（下）』くろしお出版

庵　功雄（1997）「国語学・日本語学におけるテキスト研究」『言語とコミュニケーションに関する研究概観』科研費報告書（http://hdl.handle.net/10086/25404）

庵　功雄（2012）『新しい日本語学入門　ことばのしくみを考える　第 2 版』スリーエーネットワーク

庵　功雄（2019）『日本語指示表現の文脈指示用法の研究』ひつじ書房

庵　功雄（2021）「基本文型としての「のだ」文―「「のだ」の教え方」再考を含めて―」『言語文化』58、一橋大学

庵　功雄・高梨信乃・中西久実子・山田敏弘（2000）『初級を教える人のための日本語文法ハンドブック』スリーエーネットワーク

庵　功雄・高梨信乃・中西久実子・山田敏弘（2001）『中上級を教える人のための日本語文法ハンドブック』スリーエーネットワーク

石黒　圭（2001）「換言を表す接続語について ―「すなわち」「つまり」「要するに」を中心に―」『日本語教育』110 号

石黒　圭（2008）『文章は接続詞で決まる』光文社新書

市川保子（2000）『続・日本語誤用例文小辞典　―接続詞・副詞―』凡人社

菊地康人（2006）「受難の「んです」を救えるか」『月刊言語』35-12

グループ・ジャマシイ（編著）（1998）『教師と学習者のための日本語文型辞典』くろしお出版

甲田直美（1995）「転換を表す接続詞「さて」「ところで」「では」をめぐって」『日本語と日本文学』21, pp31-42

三枝令子（2012）「「しかし」と「そして」―言いかえられる場合、言いかえられない場合―」『一橋大学国際教育センター紀要』3 号

張麟声（2003）「論説文体の日本語における因果関係を表す接続詞型表現をめぐって ―「その結果」,「そのため」と「したがって」―」『日本語教育』117 号

日本語記述文法研究会（編）（2009）『現代日本語文法⑦　談話・待遇表現』くろしお出版

林　四郎（2013）『文の姿勢の研究』ひつじ書房から復刊

著者
庵　功雄　一橋大学国際教育交流センター　教授
三枝令子　元　一橋大学法学研究科　教授

日本語文法演習
まとまりを作る表現
―指示詞、接続詞、のだ・わけだ・からだ―

2013年5月23日　初版第1刷発行
2022年4月8日　第4刷発行

著　者　庵功雄　三枝令子
発行者　藤嵜政子
発　行　株式会社スリーエーネットワーク
　　　　〒102-0083　東京都千代田区麹町3丁目4番
　　　　　　　　　　トラスティ麹町ビル2F
　　　　電話　営業　03(5275)2722
　　　　　　　編集　03(5275)2725
　　　　https://www.3anet.co.jp/
印　刷　萩原印刷株式会社

ISBN978-4-88319-648-7　C0081
落丁・乱丁本はお取替えいたします。
本書の全部または一部を無断で複写複製（コピー）することは著作権法上での例外を除き、禁じられています。

日本語文法演習

まとまりを作る表現
―指示詞、接続詞、のだ・わけだ・からだ―

解　答

Ⅰ 指示詞

p. 3 ## ウォームアップ

A 1．こ 2．A：こ、そ B：こ 3．こ、こ 4．こ
B 1．A：あいつ B：あいつ 2．A：その男 B：その方
　 3．その方 4．その人

p. 4 ## 1. 現場指示と関係がある場合

●現場指示と同じ場合

問1 1．A：こっち、そっち B：こっち 2．こちら 3．その

> コ、ソ、こちら／こっち、そちら／そっち、ソ

練習1 1．こ、そ 2．A：こ B：こ 3．そ

p. 5 ●「今」に関係する場合

問2 1．このまえ 2．これから 3．このごろ

練習2 1．これまで 2．それまで 3．それから

p. 6 **問3** 1．この年 2．この章 3．この論文／本稿

練習3 1．この節 2．ここでは 3．本書

p. 7 ## 2. 文脈指示(1)

●知っているものと知らないものの区別

問4 1．田中さん 2．田中さんという人

> つけない、つける

練習4 1．林先生という方 2．田中さんという方 3．こしょう
　　　　 4．アジョワンシードという香辛料

●ソとアの使い分け

問5 1．あの人 2．A：その人 B：その人

p. 8 > ア、ソ

解 答

|練習5| 1．A：あのキーホルダー　B：あれ
　　　　2．A：その先生　B：その先生　3．その方

●人の指し方
|問6| 1．なし　2．あの方／彼女　3．あの人／彼
p. 9 |練習6| 1．お父さん　2．B：佐藤さん／彼女　A：佐藤さん／彼女、部長

p. 10 ## 3. 文脈指示(2) ―コとソの使い分け―

●文章（書きことば）におけるア
|問7| 1．あのDNA　2．あの本

　　　　使われない

|練習7| 1．あの日本人　2．あの悪循環
●ソしか使えない場合(1)
|問8| 1．その人　2．それ

　　　　ソ

p. 11 |練習8| 1．その人　2．そのとき
●ソ（「その」）しか使えない場合(2)
|問9| 1．その彼　2．その田中さん
|練習9| 1．その吉田さん　2．その佐藤さん
●コが使われる場合
|問10| 1．このアニメ　2．この日本の最大の貿易相手国
p. 12 |練習10| 1．この物理学者　2．この日本最古の都
●コを使った方がいい場合
|問11| 1．この事故　2．この意見
|練習11| 1．この火事　2．これ
p. 14 ### ●指すものが後から出てくる場合
|問12| 1．こんな話　2．これ
|練習12| 1．こんな　2．これ

p. 15　**4. その他の問題**

●「この／その／あの」と「こんな／そんな／あんな」

問13　1．同じである　2．同じでなくてもよい

練習13-1　a．パンフレットに出ているのと同じホテル
　　　　　b．ガイドブックに出ているような種類のホテル

練習13-2　1．この人　2．こんな人

p. 17　●「こんなに／そんなに／あんなに」

問14　1．こんなに　2．あんなに　3．そんなに

練習14　1．そんなに　2．こんなに

p. 18　●「こう／そう／ああ」

問15　1．ああ　2．そう　3．こう　4．そうする

練習15　1．そうする　2．こう

p. 19　●「これら／それら／あれら」

問16　1．あれ／あのみかん　2．これら／これらの寺　3．あの男たち

練習16　1．それ　2．これら　3．この子どもたち

p. 20　**5. 総合練習**

(1)この飲み物　(2)B：あの店　A：あの店　(3)先生　(4)その山田君　(5)これまで
(6)彼　(7)この中国の首都　(8)この事故　(9)これは　(10)この10年　(11)その店
(12)こういう意見も　(13)その子　(14)こんな、こんな　(15)これ　(16)これら

II 接続詞

p. 22 **ウォームアップ**

A　1．口数が多いわけではない　2．説得力がある
　　3．人気の職種なんだって　4．アイデアが必要だね

B　1．a．仕方なくジョギングをする
　　　　b．雨の中でジョギングをやりたいと思っていた
　　2．a．5番の成績を残念に思っている
　　　　b．5番の成績を誇りに思っている

p. 23　C　1．でも　2．なぜなら　3．で　4．だが

p. 24　1．接続詞の使い方

1-1.「しかし」と「ところが」
問1　1．しかし　2．ところが
練習1　1、4

1-2.「だって」と「でも」
問2　1．だって　2．だって　3．でも　4．でも　5．だって

p. 25　**練習2**　1．(例) 何とか頑張ると思う　2．(例) 病院にはあるよ
　　　3．(例) みんな何も発言しないからおもしろくない
　　　4．(例) かっこ悪いよ

1-3.「そして」と「また」と「それから」
問3　1．そして／また　2．そして　3．それから

p. 26　**練習3**　1．そして／それから　2．そして／また
　　　3．そして／それから　4．そして

1-4.「それに」と「しかも」
問4　1．しかも　2．それに　3．それに　4．しかも

p. 27　**練習4**　1．それに　2．しかも　3．それに／しかも　4．しかも　5．しかも

1-5.「その上」と「さらに」
問5　1．さらに　2．その上　3．さらに
練習5　1．(例) 青森まで足をのばしたい　2．(例) のども痛い
　　　3．(例) シンガポールや台湾などのアジアの事情を概観する
　　　4．(例) 部品もないから新しいのを買うより方法がないという

p. 28　1-6.「ところで」と「(それ)では」
　　　問6　　1．それでは　2．ところで　3．では
　　　練習6-1　1．ところで　2．それでは　3．ところで　4．それでは
p. 29　練習6-2　1．(例) 来月のバザー、参加しますか
　　　　　　　2．(例) 1時ごろ伺いたいと思います
　　　1-7.「なお」と「ただし」と「ただ」
　　　問7　　1．ただし／ただ　2．なお　3．ただし／ただ　4．なお
　　　練習7　1．(例) 定員は先着順で20名です
　　　　　　2．(例) 正規の料金をいただきます
　　　　　　3．(例) 雨の日は電車を利用します
　　　　　　4．(例) 雨天の場合は延期
p. 30　1-8.「すなわち」と「つまり」と「要するに」
　　　問8　　1．すなわち　2．要するに　3．つまり　4．すなわち
　　　　　　5．つまり／要するに
　　　練習8-1　1．すなわち　2．つまり　3．すなわち　4．要するに
　　　　　　　5．つまり／要するに
p. 31　練習8-2　1．(例) 3ヶ月です　2．(例) だめということだ
　　　　　　　3．(例) 見通しは明るくない
　　　1-9.「その結果」と「したがって」
　　　問9　　1．その結果　2．したがって　3．その結果　4．したがって
　　　練習9　1．したがって　2．その結果　3．その結果　4．したがって
　　　　　　5．したがって
p. 32　1-10.「そこで」と「そして」
　　　問10　　1．そして　2．そして　3．そこで　4．そこで　5．そして
　　　練習10　1．(例) 具体的なコスト削減計画をたてた
　　　　　　2．(例) 1つの漢字に複数の読み方があること
　　　　　　3．(例) 各国の担当者が集まって、デザインの共通化について協議した
　　　　　　4．(例) 自分で保育園を作ることにした

p. 35　**2. 形は似ているが、意味が違う接続詞**

　　　2-1.「その上」と「その上で」
　　　問11　　1．その上　2．その上で　3．その上　4．その上で
　　　練習11　1．その上　2．その上で　3．その上で　4．その上

6

解答

p. 36　2-2.「それで」と「それでは」
- **問12**　1．それで　2．それでは　3．それで
- **練習12-1**　1．それでは　2．それで　3．それでは　4．それでは
- **練習12-2**　1．（例）ジョギングを始めた　2．（例）迎えに行かなきゃ困るね

p. 37　2-3.「それにしても」と「それにしては」
- **問13**　1．それにしても　2．それにしては　3．それにしても　4．それにしては
- **練習13**　1．それにしては　2．それにしては　3．それにしても　4．それにしても

p. 38　2-4.「ところで」と「ところが」
- **問14**　1．ところが　2．ところで
- **練習14**　1．ところで　2．ところが　3．ところが

p. 39　2-5.「また」と「または」
- **問15**　1．または　2．また　3．または　4．また
- **練習15**　1．また　2．または　3．また　4．または

p. 40　**3. 呼応表現**

3-1.「確かに…が」
- **問16**　1．b　2．b
- **練習16**　1．（例）B社の方が信頼度が高い
  2．（例）管理職になる女性はまだまだ少ない
  3．（例）不必要な情報に惑わされている面もある

p. 41　3-2.「というのは／なぜなら／なぜかというと…からだ」
- **問17**　1．b　2．b
- **練習17**　1．（例）私の一番の趣味はスキーなのだ
  2．（例）自由にやらせるのが一番いい教育と思っていたからのようだ
  3．（例）薬は毒でもあるからだ
  4．（例）子どものときにかまれた経験があるからだ

p. 42　**4. 総合練習**

1．(1)また、しかし、そこで　(2)したがって　(3)さらに　(4)すなわち

2．(1)ただし　(2)その後　(3)また　(4)なお　(5)したがって

p. 43　3．(1)ただ　(2)母：だって　息子：でも　(3)それにしては
　　　　(4)鈴木：ただ　田中：ただ、じゃ
　　　　(5)それで　(6)それで

p. 44　4．(1)①つまり　②そこで　③でも　④ところで
　　　　(2)①あるいは　②それでは　③それとも　④それに
　　　　(3)①その上で　②ただ　③なお
　　　　(4)①さて　②それとも　③だから

p. 45　5．(1)①その上　②それで
　　　　(2)①しかも　②しかし　③そこで　④その結果
　　　　(3)①それにしても　②ところが　③したがって

　　　　6．(1)①（例）自分の意志を表現できる
　　　　　　②（例）英語の指示も日本語の指示もわかる
　　　　　　③（例）言うことを聞かない
　　　　(2)①（例）私の出身地の九州は雨続きで、困っています
　　　　　　②（例）他の地域が不作だったせいで、値段もいいそうです
　　　　　　③（例）東北の親戚は、米の値段が下がらないか心配しています
　　　　　　④（例）田中さんはお元気ですか
　　　　(3)①（例）最近はインターネットで購入する人が多い
　　　　　　②（例）割高だ
　　　　　　③（例）インターネットでも購入できる

III のだ、からだ、わけだ

p. 46 **ウォームアップ**

A 1．買ったんですか　2．行かないのですか　3．来たのではない
　4．ではありません

B 1．んです　2．なったんだ　3．入院したんです　4．んじゃないか
　5．引っ越したんだ　6．決まったからだ

C 1．わけだ　2．わけだ　3．わけではない　4．わけがない

p. 47 **1. 疑問文・否定文における「のだ」**

● 「のだ」(1)　疑問文の場合

○ 2種類の疑問文

問1　1．a　2．b　3．a　4．b

使わない、使う

p. 48 **練習1**　1．行ったんですか　2．書いた、書いたの　3．来たんですか

問2　1．行くの　2．開かれるんですか　3．食べないんですか

練習2　1．出発するのですか　2．生まれたんですか　3．出かけたんですか

p. 49 ○ 疑問語がある場合

問3　1．かいたんですか　2．遅刻したの

練習3　1．あったんですか　2．置いてあるんですか

○ 要素を強調する場合

問4　1．買ったんですか　2．勉強してるの

練習4　1．（例）図書館で借りた　2．（例）そばを食べた
　　3．（例）山田さんが来た

p. 50 ○ 述語が形容詞、名詞の場合

問5　1．a．学生であるかどうかを尋ねる
　　b．学生でないように見えるが、本当に学生であるのかを尋ねる
　2．a．クラシック音楽が好きかどうかを尋ねる
　　b．クラシック音楽が好きではないと思っていたが、実際は
　　　クラシック音楽が好きなのかを尋ねる

練習5　1．おいしい　2．買ったの、高かった

p. 52 ●「のだ」(2)　否定文の場合
　　　 問6　　1．出席した　2．読んだ　3．食べなかった

　　　　　　　使わない、使う

　　　 練習6　1．b　2．a

p. 53 　問7　　1．(例)借りた　2．(例)文字
　　　 練習7　1．(例)勉強するために入った
　　　　　　　2．(例)日本文化に興味があったから勉強した

p. 54 **2. 平叙文における「のだ」**

　　　●「のだ」(3)　理由を表す場合
　　　 問8　　1．書いてなかったんです　2．結婚記念日なんです
　　　 練習8　1．あるんです　2．書いているんだ
　　　●「のだ」(4)　状況と結びつける場合
　　　 問9　　1．降ったんだ　2．出かけてるんだ
　　　 練習9　1．近づいているんだ　2．珍しいんだ

p. 55 ●「のだ」(5)　言い換えを表す場合
　　　 問10　1．なかったのだ　2．勉強したのだ
　　　 練習10　1．占領されていたのだ　2．日本人なのだ

　　　●「のだろう」など
　　　 問11　1．のだろう　2．のかもしれない　3．のだろう

p. 56 練習11　1．(例)事故があった　2．(例)いいことがあった
　　　●「のだ」(6)　解釈、言い換えに対応する疑問文
　　　 問12　1．あったんですか　2．大学生なんですか
　　　 練習12　1．持っているんですか　2．関西出身なんですか

p. 57 ●「のだ」(7)　発見を表す場合
　　　 問13　1．結婚したんだ　2．生まれたんだ
　　　　　　　3．B1：行くんだ　B2：そうなんだ　4．飾ってある
　　　 練習13　1．押せばいいんだ　2．そうなんだ　3．仕事だったんだ
　　　　　　　4．寝ている

p. 58 ●「からだ」
　　　 問14-1　1．パーティーが盛り上がったのは田中さんが来たからだ。
　　　　　　　2．日本語がおもしろいのは漢字があるからだ。

10

解 答

問 14-2 1．国内で若者の不満が高まっている。（それは）若年層の失業率が高いからだ。
2．外国で日本語学習者が増えている。（それは）日本のアニメの人気が高いからだ。

練習 14 1．（例）子育ての支援が少ない　2．（例）円高が続いている
3．（例）戦争を経験した人が高齢になっている

p. 59

3.「のだ」と「からだ」「わけだ」

● 「のだ」と「からだ」

問 15 1．んだ　2．んだ　3．んだ／からだ

のだ

練習 15 1．（例）いいことがあったんだ　2．（例）火事があったんだ
3．（例）日本の労働市場が魅力的なのだ／だからだ

● 「ためだ」

問 16 b、c、d

p. 60 練習 16 1．ためだ　2．ためだ／からだ　3．ためだ／からだ

● 「わけだ」

問 17 1．使ったわけだ　2．なるわけ
練習 17 1．（例）もう4年も経った　2．（例）日本の大学は休学する

p. 62 ● 「のだ」と「わけだ」

問 18 1．のだ　2．のだ／わけだ　3．わけだ　4．のだ／わけだ
練習 18 1．（例）日本国内の生産コストが上がっている
2．（例）日本語が上手なわけだ
3．（例）修士論文を日本語で書かなくてもよいのだ／わけだ

p. 63 ● 「わけではない」

問 19 1．わけではない　2．わけではない　3．わけではない
4．わけではない

練習 19 1．（例）みんな納豆が食べられるわけではない
2．（例）アメリカ人と同じように話せるわけではない
3．（例）軽いわけではない

p. 64　●「のではない」と「わけではない」
　　　問20　1．のではない　2．のではない　3．わけではない
　　　　　　4．わけではない
　　　練習20　1．(例)やっていたのではない、のだ
　　　　　　2．(例)難しいわけではない、内容のあることを話す
　　　　　　3．(例)まずい

p. 65　●「わけにはいかない」
　　　問21　1．わけにはいかない　2．わけにはいかない
　　　練習21　1．(例)コンパに行く
　　　　　　2．(例)明日は面接がある、バイトを休まない

　　　●「わけがない・はずがない」
　　　問22　1．わけがない　2．わけがない
　　　練習22　1．(例)水を出しっぱなしにする
　　　　　　2．(例)こんな計算を間違える

p. 66　**4.「ではないか」と「のではないか」**

　　　●否定疑問文と「Nではないか（じゃないか）」
　　　問23　1．ではないですか　2．山田さんじゃない　3．来ない

　　　　　上昇する

　　　練習23　1．母親：食べない　息子：食べない
　　　　　　2．山田：難しくない　ジョン：難しくない
　　　　　　3．来月じゃない、今月な

p. 67　●「のではないか」(1)
　　　問24　1．a　2．b　3．b

　　　　　上昇する

p. 68　練習24　1．(例)難しいんじゃないですか　2．(例)言っていたんじゃない
　　　●「のではないか」(2)
　　　問25　1．(例)のではないか　2．(例)のではないだろうか　3．のでは
　　　練習25　1．(例)南極の氷がとける
　　　　　　2．(例)暑い夏になる
　　　　　　3．(例)実現不可能な

p. 69 ● 「のではないか（んじゃないか）」(3)

問26　1．のではないでしょうか　2．いいんじゃない

練習26　1．（例）もう少しゆっくり話した方がいい
　　　　2．（例）今日はもう家に帰った方がいい

● 「ではないか（じゃないか）」

問27　1．非難　2．励まし　3．聞き手の注目を向けさせる

p. 70　　　ならない

練習27　1．（例）年賀状が作れた
　　　　2．（例）今週の土曜日

● 「のではないか（んじゃないか）」と「ではないか（じゃないか）」

問28　1．じゃない　2．じゃないですか　3．じゃない／なんじゃない

p. 71 練習28　1．じゃない　2．んじゃないか　3．じゃない

p. 73　## 5. 総合練習

1．(1)買ったんですか　(2)出発するんですか
　(3)山田：持ってる　田中：持ってる
　(4)買ったのではありません　(5)ありますか　(6)ですか
　(7)あるんですか　(8)します

2．(1)いるんです　(2)わけではないんです　(3)わけじゃない　(4)わけだ　(5)忘れた

p. 74　3．(1)鈴木：来週の金曜日に、大阪へ**行ってほしいんだ**。
　　　　鈴木：そう、そこの会議に**出席してほしいんだ**。
　(2)田中：あのう、課長、出張の計画書を**見ていただきたいのですが**。
　(3)トー：うん、安いパックが**あったんだ**。
　　　リー：ちょっとお願いが**あるんだけど**。
　　　リー：雪山の写真を**とってきてもらいたいんだ**。一度**見てみたいんだ**。
　(4)先生：仕事がなかなか**終わらなかったんでしょう**。
　　　リー：いえ、実は**そうじゃないんです**。電車がひどく混んでいて、
　　　　　　降りそこなってしまったんです。
　　　先生：ああ、**そうだったんですか**。

p. 75　4．(1)②　(2)①　(3)①　(4)②　(5)②
p. 76　5．(1)○　(2)○　(3)×　(4)×　(5)○
　　　　6．(1)①　(2)②　(3)②　(4)③　(5)①　(6)③　(7)①　(8)①　(9)①

p. 77　7．(1)田中さんは「彼がお金持ちだから」という理由で彼と結婚しなかった、
　　　　　　田中さんが彼と結婚した理由は「彼がお金持ちだ」ということではない
　　　　(2)田中さんは買わなかった、
　　　　　　田中さんが買ったのはかばんではない
　　　8．(1)わけではない、わけにはいかない　(2)わけにはいかない
　　　　(3)わけがない　(4)わけではない　(5)わけではない

総合演習

p. 78
1. ＜問1＞しかし／ところが　＜問2＞しかも
   ＜問3＞（例）わかりにくく、路肩に止めて地図を眺めても、今自分がどこにいるのかわからなくなる、ということが往々にしてある

p. 79
2. ＜問＞「あるいは」の場合はどれか1つの意味になる。「そして」は全てを指す。「そして」の方が適切。

3. ＜問1＞③しかし／ただし　⑤さらに　＜問2＞そして
   ＜問3＞（例）誰も持っていかない　＜問4＞2
   ＜問5＞繊維・縫製関係の工場が一気に中国に進出したこと
   ＜問6＞売れ残りを漬物や佃煮に加工したり、地場の食材で「農村レストラン」を始めるようになるといった状態

p. 81
4. ＜問1＞a：たしかに　b：そして　c：つまり　d：従って　e：また
   f：しかし
   ＜問2＞会社員、サラリーマン
   ＜問3＞本来収入面での区分に属する言葉が、職業名を問われたときに使われることに問題がある。
   ＜問4＞のだろう／のであろう　＜問5＞こんな
   ＜問6＞この1行によって、筆者は「サラリーマン」は月給という形で生活を保障されているのに対し、町工場の労働者にはそうした保障はないのだという現実に気づかされたから。
   ＜問7＞「サラリーマン」は月ぎめの給料取りであり、たとえそのために減額されることがあっても、時給、日給を支払われる者より損失は軽微にとどまるに違いない
   ＜問8＞「サラリーマン」が日々の暮らしの単調さや仕事のつまらなさを嘆くのはある意味でぜいたくなことであると言うことが「意地が悪い」ことになる。なぜなら、そのように言うことは、「サラリーマン」たちに、彼らは生活の単調さなどの代わりに生活の安定を保障されているのだという事実を指摘することになるからである。
   ＜問9＞自分の職業を「サラリーマン」と述べるのと、「教師」などと述べるのとが「全く異なる」。それは、後者の場合には働く人間の顔が見えるのに対し、前者にはそうした側面がないからである。